# COMO UM ANALISTA PENSA

*CONSELHO EDITORIAL*

André Luiz V. da Costa e Silva

Cecilia Consolo

Dijon De Moraes

Jarbas Vargas Nascimento

Luís Augusto Barbosa Cortez

Marco Aurélio Cremasco

Rogerio Lerner

**Blucher**

# COMO UM ANALISTA PENSA

*Ensaios sobre acesso, autorização e pertencimento em psicanálise*

Wilson Franco

*Como um analista pensa: ensaios sobre acesso, autorização e pertencimento em psicanálise*
© 2023 Wilson Franco
Editora Edgard Blücher Ltda.

*Publisher* Edgard Blücher
*Editores* Eduardo Blücher e Jonatas Eliakim
*Coordenação editorial* Andressa Lira
*Produção editorial* Regiane da Silva Miyashiro
*Preparação de texto* Ana Maria Fiorini
*Diagramação* Plinio Ricca
*Revisão de texto* Mariana Góis
*Capa* Laércio Flenic
*Imagem de capa* The Storm, de Nayara Oliveira (@artsplashhh)

## Blucher

Rua Pedroso Alvarenga, 1245, 4º andar
04531-934 – São Paulo – SP – Brasil
Tel.: 55 11 3078-5366
contato@blucher.com.br
www.blucher.com.br

Segundo o Novo Acordo Ortográfico, conforme 6. ed. do *Vocabulário Ortográfico da Língua Portuguesa*, Academia Brasileira de Letras, julho de 2021.

É proibida a reprodução total ou parcial por quaisquer meios sem autorização escrita da editora.

Todos os direitos reservados pela Editora Edgard Blücher Ltda.

Dados Internacionais de Catalogação na Publicação (CIP)
Angélica Ilacqua CRB-8/7057

Franco, Wilson

Como um analista pensa : ensaios sobre acesso, autorização e pertencimento em psicanálise / Wilson Franco. - São Paulo : Blucher, 2023.

246 p.

Bibliografia
ISBN 978-65-5506-633-3

1. Psicanálise 2. Cultura e psicanálise I. Título

23-3799 CDD 150.195

Índice para catálogo sistemático:
1. Psicanálise

*Nolite te bastardes carborundorum*
Margaret Atwood, *O conto da aia*

# Agradecimentos

Este livro deve muito a tudo que pude aprender enquanto ensinava outros, de forma que me parece justo agradecer a todos, todas e todes que se dispuseram a frequentar grupos de supervisão, cursos, palestras e aulas que ofereci ao longo desses anos. Queria poder mencioná-los nominal e individualmente, porque me sinto muito agradecido a muita gente que conheci nesses cenários, mas acho que vamos ter que nos contentar com essa menção genérica. De qualquer forma, espero que se sintam vistos e abraçados por este que vos escreve.

Tenho, também, imensa gratidão aos meus professores. Dentre estes, tomo a liberdade de destacar Luís Cláudio Figueiredo e Irani Tomiatto de Oliveira, que considero meus principais mentores intelectuais e profissionais, e Daniel Kupermann, que acolheu a mim e as minhas inquietações durante o doutorado e para além dele.

Agradeço aos meus analistas e supervisores – Patrícia Malachowski, Marcelo Soares, Jorge Broide, João Rodrigo de Oliveira e Michael Achatz: muito obrigado.

Aos amigos e amigas, pelas trocas, cervejas, ensinamentos e leituras. Agradeço aos que me ajudaram diretamente a desenvolver ideias ou passagens do texto: Sthephânia Carvalho, Vagner Souza, Alessandro Campos, Paulo Sérgio de Souza, Bartholomeu Vieira, Rodrigo Alencar, Marina Vieira, Paulo Beer, André Nader, Caio Padovan, Richard de Oliveira, Rafael Lima, Clarice Paulon, Pedro Ambra, Diego Penha, Ana Gebrim, Maíra Godói, Thaís Mariana, Lívia Santiago.

À Maíra Godói, pelo texto da quarta capa, ao Paulo Beer, pelo texto da orelha, e ao Érico Andrade, pelo prefácio.

À Nayara Oliveira, por ter permitido a utilização de sua arte para ilustrar a capa do livro, e aos editores e coordenadores que permitiram a publicação de textos que tiveram versões anteriores publicadas em revistas e livros sob sua responsabilidade.

Agradeço à Blucher, que embarcou em mais esse projeto, e particularmente ao Jonatas Eliakim, ao Eduardo Blücher, à Regiane Miyashiro e à Ana Maria Fiorini, pontuais em seu apoio e pacientes diante de minhas bagunças e ansiedades.

Agradeço também à minha família, que me acolhe, me mima e me oferece um lugar no mundo – particularmente à minha família "de origem" (meu pai Wilson, minha mãe Bela, minha irmã Ju) e à família que me adotou, meus *in-laws* (meu sogro Paulo, minha sogra Cristina, meus cunhados Tati e Caio, minhas sobrinhas Lelê, Maria e Joana, e meu avô Arruda).

À Talita, minha esposa, ainda e sempre o lar que me abriga, o chão que me sustenta, o amor da minha vida. E à Sushi e à Ricota, que me infernizam e me amam, me ocupam e me fazem feliz.

E aos que vêm, porque há vida em vocês e na sua chegada, e isso me inspira e me dá forças para seguir.

# Conteúdo

**Prefácio**    11

**Introdução: os lugares da práxis clínica na cultura e na sociedade**    17

**Parte 1. Autorização em psicanálise: uma visão de conjunto sobre o lugar de pensamento habitado pelo psicanalista ao exercer sua práxis**    27

1. Autorização em psicanálise: elementos intervenientes    29

2. Autorização em psicanálise: uma proposta de sistematização do processo em sua dimensão singular    51

3. Os autores canônicos e seu lugar nos jogos de autorização    59

4. A trajetória pessoal do analista e seu impacto no trabalho clínico: um mapeamento preliminar    69

**Parte 2. Sobre a constituição do espaço mental
habitado pelo psicanalista**     97

5. Da confiabilidade da psicanálise do ponto de vista do candidato a psicanalista ou psicanalista iniciante     99

6. O psicanalista, sua solidão e companhias fantasmáticas     113

7. O paciente princeps e a formação do analista     129

8. *Marvels*: o analista em formação e sua relação com os superpsicanalistas     141

**Parte 3. Por uma psicanálise pertinente à situação brasileira (questões ligadas à psicanálise enquanto comunidade e movimento)**     155

9. Um enorme passado pela frente: nosso Brasil e a psicanálise     157

10. Presença e efeitos da branquitude na práxis clínica de um homem branco: um depoimento     179

11. Se o inconsciente tem cor: um estudo exploratório     195

12. Considerações preliminares para um campo psicanalítico desvencilhado do eurocentrismo e do elitismo     219

13. Considerações finais     233

Referências     239

Sobre o autor     245

# Prefácio

*Érico Andrade*

Branco, olhos azuis e uma pessoa que nunca teve problemas financeiros, ainda que a família fosse composta por membros da classe trabalhadora. Iniciar um prefácio de um livro sobre a formação do(a) psicanalista com a descrição física daquele que o escreveu, embora, numa primeira percepção, possa parecer uma atitude insólita, é uma forma de apresentar a obra de Wilson Franco na radicalidade que ela merece. Ora, como tratar da formação em psicanálise, com todas as suas implicações e pressupostos, sem iniciar apresentando o lugar a partir do qual o responsável pelo livro fala? Começar com a descrição do autor não é apenas uma atitude de diálogo com a sua obra, mas de respeito àquilo que nela serve de farol para a discussão sobre a psicanálise. A discussão é: quem é esse sujeito, o psicanalista? Como vive os seus sofrimentos, como se compreende racialmente, com que bagagem aporta na formação em psicanálise e com quais desejos precisa lidar para o exercício da clínica?

Sim, o livro *Como um analista pensa: ensaios sobre acesso, autorização e pertencimento em psicanálise* é um ousado empreendimento que, longe de ser uma espécie de tarefa intrapsíquica, como se fosse necessário "entrar na cabeça do analista", é uma tentativa de lançar luz sobre aquilo que se constituiu como o elo escondido nas formações em psicanálise. É uma tentativa de articular a trajetória daquele que pretende fazer uma formação em psicanálise com a própria natureza da formação, mas com o claro intuito de discutir não apenas a formação *per se*. E aqui algumas perguntas surgem quando abrimos as páginas da presente obra: quem é o sujeito da formação? Qual é o seu lugar racial no mundo? Qual é a orientação do seu desejo e o que lhe constitui como falta? Todas essas questões, muitas vezes sonegadas no debate sobre a formação, serão enfrentadas por Wilson Franco com a coragem de quem escreve na primeira pessoa; de quem fala de si, dos seus limites e acertos, como uma forma de expandir a discussão sobre como são formados e formadas os e as psicanalistas.

Para se proteger de eventuais e esperadas críticas a uma proposta de redefinição dos termos de uma formação em psicanálise, Wilson Franco propõe que se percorram as posições estabelecidas (insistentemente ou talvez narcisicamente tomadas como canônicas) com esmero para não dar lugar a uma leitura enviesada que reduza as discussões ora ensejadas ao quadro de uma falta de entendimento da psicanálise e de sua história. Não raro, esse tipo de posição – ou resistência? – contrária ao que a presente obra coloca vem acompanhada da prerrogativa que, no popular, nós chamaríamos de carteirada: "isso não é psicanálise". As instituições e as suas certezas. Muitas delas fantasiam ter muita clareza do que é a formação e do que autoriza alguma pessoa a ser uma analista. A obra de Wilson Franco não veio para derrubá-las como se fosse uma espécie de contraofensiva narcísica. Calma: o que está dito nas linhas sagazes do livro é que a discussão sobre a formação não tem mais o direito de suspender o debate político sobre a própria natureza da psicanálise, tampouco se pode prescindir de um debate político sobre o papel tanto do psicanalista quanto das instituições. A neutralidade, essa grande fantasia, evapora-se com várias e várias linhas em que é questionada como quem se obstina a refletir para mover as coisas do lugar.

A arquitetura de *Como um analista pensa: ensaios sobre acesso, autorização e pertencimento em psicanálise* é pensada para que toda reflexão sobre como se forma um analista seja disposta nas suas mais variadas camadas. As três partes dialogam entre si porque o fio condutor é como se desenlaça o que autoriza uma pessoa a ser analista. E como pensar a psicanálise mais de um século depois do seu surgimento sem considerá-la na radicalidade necessária para que ela continue como prática clínica (ou, nos dizeres de Wilson Franco, *práxis* clínica) capaz de dialogar com o seu tempo?

A radicalidade não é simplesmente negar o cânone na forma de um desprezo pela trajetória, que, aliás – como Wilson Franco faz questão de mostrar –, tornou a técnica psicanalítica uma ferramenta poderosa de cuidado com a saúde mental. A discussão sobre a autorização diz menos sobre uma espécie de relativização da forma pela qual uma pessoa se sente autorizada a ser uma analista do que sobre os mecanismos que governam essa autorização no que diz respeito aos pactos de poder que lhes sustentam. É preciso politizar a clínica.

E a radicalidade continua. A questão que se faz premente é sobre como os(as) analistas pensam. O que pensam? Trata-se de uma investigação sobre aquilo que nos atravessa na nossa clínica porque se trata daquilo que nos atravessa como sujeitos, a saber: nossos fantasmas, nossos encantamentos, decepções e tudo que se mistura e se faz presente no *setting* analítico. O campo de investigação é a pessoa do analista e o turbilhão de questões que o ultrapassa. Talvez outros mitos, outras tradições ou mesmo outros terrenos (terreiros?) sejam necessários.

A radicalidade do livro é sobretudo a abertura, não naquilo que ela tem de indefinido, mas naquilo que ela convida a ampliar. E o exemplo da ampliação que Wilson Franco apresenta é tão poderoso que eu aqui me permito adiantar o que só a leitura atenta a toda obra poderá entregar de modo mais condizente com a ousadia da proposta. O exemplo é de que Wilson Franco muda de território de atendimento (muda o local de sua clínica) e, com isso, uma janela se abre para pensar o próprio terreno da clínica psicanalítica. O nosso terreno, para ser preciso – estou falando do Brasil.

Enfrentar o debate sobre o elitismo na psicanálise é algo que requer coragem. Senti isso quando publiquei na *Folha de S. Paulo* um artigo sobre democratizar a psicanálise. O que impressiona, entretanto, é que Wilson Franco não faz isso num texto rápido, curto e de jornal. Ele dedica páginas e mais páginas, algumas delas correspondentes a artigos já publicados e intervenções em eventos, nas quais toca num dos pontos mais sensíveis da psicanálise brasileira, a saber: o seu eurocentrismo e, com ele, o problema da branquitude. Como eu dizia no início do prefácio, assumir a condição de branco não é para caminhar no registro de uma culpa e as suas respectivas armadilhas narcísicas. O objetivo é claro: é para pensar o próprio campo psicanalítico e todas as implicações que existem quando não se tem como meta a discussão do lugar onde a práxis psicanalítica no Brasil é feita.

A discussão sobre o elitismo na psicanálise não é sobre dinheiro ou sobre pagamento: a discussão é sobre capital simbólico; é sobre o que mobiliza a nossa clínica para certas direções. E são várias direções na epistemologia, como também em nossa "praxiologia", que podem desviar a psicanálise daquilo que parecia um destino tão certo quanto equivocado: fazer psicanálise de frente para a Europa e de costas para o Brasil. Que ampliemos o cânone com a leitura da psicanálise brasileira, especialmente das pessoas negras; que saibamos a nossa história e o pensamento dos povos originários; que respeitemos as culturas que embasam o Brasil; e que façamos da formação em psicanálise um território com o qual sejamos mais do que uma repetição do saber europeu. Que sejamos uma elaboração de nós mesmos.

O convite de Wilson Franco está feito. Antropofagia?

# Introdução: os lugares da práxis clínica na cultura e na sociedade

## *Acolhida e primeiras palavras ao leitor*

Este livro reflete a continuidade e o desenvolvimento de minhas pesquisas e intervenções no campo da psicanálise desde minha última publicação (que foi o livro *Os lugares da psicanálise na clínica e na cultura*, publicado no início de 2020 também pela editora Blucher). O foco de meu trabalho, se puder defini-lo em uma frase, é buscar uma compreensão não dogmática dos fundamentos da práxis psicanalítica e, a partir daí, conceber um pensamento psicanalítico justo, rigoroso e pertinente a seu tempo e meio.

Antes do livro de 2020, eu já me ocupava desses temas. De fato, a melhor formulação das pesquisas a que este livro está referido passa por uma pergunta que me foi feita ainda em 2012.

A ocasião era a defesa de minha dissertação de mestrado,[1] e, nesse contexto, Flávio Ferraz, um dos membros da banca, retomou um argumento que eu trazia ali, segundo o qual os autores canônicos não explicam como um psicanalista pensa, e podem muitas vezes representar muito mais uma fórmula de constrangimento para o pensamento do psicanalista do que um parâmetro para compreendê-lo. Pois bem, Flávio retoma esse argumento e diz: "concordo com você, mas quero que me responda: se não é o autor canônico que permite compreender como pensa um psicanalista, o que é?".

Este livro trata justamente dessa questão, e de outras que foram se "aglomerando" a ela ao longo destes anos que tenho dedicado ao assunto. Em resumo: como pensa um analista? Como compreendê-lo sem tomar como parâmetro explicativo a submissão a tal ou qual autor canônico? Como compreender a psicanálise de forma a favorecer que ela se inscreva de forma potente, pertinente, rigorosa, transformadora e gentil em nosso tempo e meio? Por último, mas não menos importante: como pensar caminhos que nos levem para além dos históricos elitismos, violências e exclusões que por tanto tempo grassaram em nosso meio?

Essas questões são a pauta e a linha de fundo deste livro, emolduradas pela intervenção de Flávio Ferraz ao meu trabalho nos idos de 2012.

Ainda a título de apresentação, particularmente para quem não me conhece: trabalho com psicanálise clínica e supervisão clínica, em consultório; sou professor em alguns cursos de pós-graduação, e, paralelamente a isso, conduzo pesquisas sobre a psicanálise enquanto práxis, comunidade, discursividade e instituição. Estou vinculado primordialmente à psicanálise

---

[1] Esse mestrado (Franco, 2012) foi publicado posteriormente em livro (Franco, 2019).

universitária e à clínica particular, com passagem decisiva pela saúde pública (acima de tudo com Acompanhamento Terapêutico e como psicólogo em Centros de Atenção Psicossocial – CAPS) entre 2007 e 2012. Luís Cláudio Figueiredo e Daniel Kupermann foram e são figuras centrais em minha formação intelectual, e Freud, Ferenczi, Winnicott e Derrida são autores de referência em meu modo de pensamento. Do ponto de vista "identitário", pode-se dizer que eu represento basicamente o "retrato falado do inimigo": homem, hétero, branco, cis, paulista, criado e inserido na classe média[2].

Nos próximos itens desta Introdução, procuro situar a forma como interpelo a psicanálise em meu trabalho, e, no final, sinalizo para o escopo do projeto que este volume desenvolve e a estruturação do livro em termos de capítulos e partes.

## A cidadania da clínica

Psicanalistas atuam de inúmeras formas no cotidiano. Eles são, antes de tudo, pessoas e cidadãos, e tenho claro que essa inserção deles na trama social cotidiana, enquanto cidadãos, não diz da psicanálise e não depende da psicanálise. Ou seja: se um psicanalista vai ou não a passeatas, se usa muito ou pouco ou não usa redes sociais, se frequenta estádios de futebol ou não, se mora no centro ou na periferia – isso tudo são questões de cidadania e engajamento individual, e o fato de aquele cidadão ser psicanalista é, no caso, incidental. Não é indiferente, obviamente, e interage em algum nível com a psicanálise que ele pratica, mas não define o psicanalista

---

[2] Não acho que isso me desqualifica, mas acho, sim, que isso qualifica o lugar de onde parto e os desafios e peculiaridades que irradiam a partir desse lugar (e tento estar ciente e à altura do desafio que isso representa)

nem sua práxis, e é por isso que considero essa inserção um fator incidental (de valor definitivo apenas secundário).

Em outro nível, a psicanálise muitas vezes é mobilizada como patrimônio cultural, como uma teoria, um arcabouço conceitual ou uma visão de mundo. Essas mobilizações são intimamente relacionadas aos lugares da psicanálise em nosso tempo e meio; suscitariam debates interessantes em termos de práxis e engajamento, mas, no contexto de nossas investigações neste livro, elas não serão tomadas em consideração. Ou seja: não estou me ocupando aqui da mobilização da psicanálise enquanto teoria ou visão de mundo.

De que nos ocuparemos, então? Em resumo, daquilo que alguns chamam de "psicanálise viva": a psicanálise que atravessa os sujeitos no contexto de uma trajetória de formação psicanalítica, de análise pessoal etc.; nos ocuparemos da práxis clínica, da psicanálise que habita e existe *na* clínica, onde e como quer que ela aconteça.

É possível, claro, que a clínica aconteça em atividades que passam por alguma daquelas circunstâncias que eu disse há pouco que não serão nosso foco – mas, nesse caso, o que nos interessará é a dimensão clínica do evento, e o fato de ela ter passado por esses horizontes é incidental. Exemplo: uma pessoa pode encontrar o próprio analista numa passeata, e isso pode ter efeitos transformadores para ela; nesse caso, a participação do analista na passeata teria efeito clínico – mas o que nos interessa é o efeito clínico, e não o fato incidental de o analista ter estado na passeata. Também pode acontecer de alguém passar por uma experiência transformadora acompanhando as produções de um psicanalista veiculadas no YouTube – mas, nesse caso, o que nos interessa é o *efeito clínico* (ou *efeito analítico*, como dirão alguns) que a experiência mobilizou na pessoa, e não o fato incidental de o analista ter vídeos ou um canal no YouTube.

## Indissociabilidade entre clínica e política em psicanálise

No contexto específico de nossa investigação sobre a práxis clínica, devotaremos particular atenção à forma como a clínica se revela indissociável do estofo sociopolítico que a acolhe (enquanto acontecimento humano significativo). Aqui as coisas se complicam um pouco: porque aqui se faz notar uma forma de composição entre o clínico e o político que não é evidente à primeira vista. Ilustro a situação por meio de um exemplo genérico: na época da tramitação do processo do *impeachment* da ex-presidente Dilma, uma paciente relata uma discussão difícil que teve com o irmão, que era engajado na militância e com quem ela estava debatendo sobre a situação. Ela vai contando como a conversa começou, por onde passaram, como ela foi pensando aquilo tudo... um debate político, entre irmãos. Bom, naquela época eu também estava acompanhando esse processo todo, também estava mobilizado, também discutia com amigos e colegas e conhecidos, pensava um bocado de coisas a respeito. Então, claro, aquilo tudo me tocava, eram "resíduos diurnos" que tinham lá sua dimensão cativante para mim (eu e alguns amigos chamamos isso de "rádio divã" – quando "passa" algo interessante no relato do paciente); eu me pegava ali convidado a articular isso com conversas que eu mesmo tinha, opiniões que eu mesmo tinha etc.

Acontece que eu não estava num bar discutindo política com essa pessoa, estava trabalhando como analista – e nesse contexto pude conter (reconhecer, mas conter) meu interesse pessoal pelo tema, e reconhecer ali a retomada de uma trama familiar na história dessa paciente: esse irmão era bem mais velho que ela, e havia tido um engajamento em temas "mais sociais" durante a juventude, que ele confidenciava a ela em segredo, já que a família deles era religiosa e não se ocupava de coisas "do demônio" (como MPB, direitos das mulheres etc.). Então esse irmão ocupava esse lugar de referência para ela ao longo de sua história, e essa discussão sobre a Dilma e a Lava Jato tinha uma reverberação numa dimensão mais ampla da trama do caso. Incorporando essa dimensão ao que eu mesmo vivia com ela, pude compreender um pouco melhor os dilemas e desafios que ela experimentava durante a juventude, seduzida pelo lado "*cool*" do irmão, e a sombra de culpa que a assombrava e sob a qual se via inerte.

O que desejo pinçar desse exemplo é a incidência do que eu e um colega, o Paulo Beer, estivemos chamando de "indissociabilidade entre clínica e política"[3] – o fato de que a "matriz ativa" da psicanálise, a tal "psicanálise viva", funciona habitada desde dentro por elementos politicamente relevantes –, de forma que "o joio" e "o trigo" são (como deveria ser óbvio) parte de uma mesma coisa. Toda a dificuldade, postas as coisas nesses termos, reside em habitar esse campo de indissociabilidade sem submeter a psicanálise a uma politização que a "desnaturaria" (como uma pedagogia política ou uma politização do encontro), evitando ao mesmo tempo a ameaça oposta, que seria a de acreditar ingenuamente em uma "neutralidade" do encontro e do analista dando notícia de um "fundamento apolítico do encontro e da psique" (que seria, obviamente, um engodo e uma balela). Isso é particularmente importante porque, sinceramente, este não é um livro sobre a psicanálise nas periferias, nas regiões desassistidas pelo Estado, não é sobre psicanálise antirracista ou psicanálise enquanto plataforma clínico-política,[4] nada disso – conheço essas coisas, admiro quem contribui para esses campos, mas não é disso que trataremos aqui: falaremos da matriz ativa da clínica psicanalítica, e também de como as margens insistem ali na clínica, onde quer que ela aconteça.

---

[3] A esse respeito ver, particularmente, Beer e Franco (2017).
[4] Apesar de o livro não ser sobre isso, acredito que as discussões iniciadas aqui podem ser de interesse e valor para esses campos.

## Propósito

Entendo que nosso tempo e meio acolhem nossa práxis e interpelam a "matriz ativa"[5] da clínica psicanalítica de uma forma bastante pungente, impondo um direcionamento aos "resíduos diurnos" e às nossas invocações no campo transferencial que são, por si sós, bastante transformadoras e decisivas. Por isso é importante compreender os parâmetros e determinantes eficientes de nossa práxis, de forma a avançar propostas e intervenções que estejam à altura do desafio (de forma, também, a evitar reagir a esse desafio redobrando apostas caducas e encastelamentos defensivos – como a ideia de que a psicanálise é um bastião subversivo lutando contra o capitalismo, que o elitismo da comunidade psicanalítica se deve ao fato de que a formação em psicanálise é exigente e, portanto, não há como abreviar ou facilitar o acesso, enfim: patacoadas dessa estirpe, que só sinalizam para nosso despreparo face a uma circunstância social que urge).

Posso dar como exemplo minha própria trajetória: ao longo dos anos em que trabalho com clínica, meu estilo clínico mudou muito – e eu também. Boa parte disso teve a ver com transformações que vieram de minha vida clínica (dos dois lados do divã), e um outro tanto com transformações na ordem dos "resíduos diurnos". Mas essas coisas interagem: entrei em contato com elementos de minha branquitude, por exemplo, que foram trazidos à baila por força de acontecimentos externos, mas alimentam e acompanham o vórtice de minhas experiências transformativas no campo da clínica.

---

[5] A "matriz ativa" é, em resumo, a dimensão mais peculiar à psicanálise em causa por ocasião de um processo psicanalítico (basicamente o campo transferencial em seus efeitos afetivos, interpessoais e intersubjetivos). Para uma definição mais técnica e detalhes sobre o conceito, ver Green (2008).

Vivemos tempos de convulsão social, civil e política, que vem colocando na ordem do dia legados seculares de nossa "civilidade" (particularmente nosso legado patriarcal, autoritário e escravista). Esses processos interpelam cada um de nós de maneira singular, mas parece claro que eles insistem nas ruas, nos becos e nas casas, de forma que vão n ecessariamente compor os "resíduos diurnos", os sonhos e as angústias, os horrores e os fascínios do cotidiano de cada um de nós – e isso, evidentemente, chega até a clínica (esteja ela ou não à altura do desafio que é escutar e manejar esses emergentes).

## Escopo e estrutura do texto

A ideia deste livro é fornecer uma concepção acerca da práxis psicanalítica que ajude a nos desvencilhar de concepções que me parecem antiquadas e/ou insuficientes, e a partir daí sinalizar para alguns desenvolvimentos possíveis em termos de pensar os desafios com os quais os profissionais se ocupam na luta para construir uma psicanálise pertinente a nosso tempo e meio.

Nesse sentido, a Parte 1 do livro se dedica a construir uma visão de conjunto acerca do processo de autorização do psicanalista. Essa visão de conjunto não tem pretensão prescritiva, mas descritiva – ou seja: não se propõe a explicar como as coisas devem ser, mas tenta descrever como elas ocorrem. Em função da pretensão sistemática do trabalho, o estilo de escrita adotado ali é bastante peculiar – mais formal e categórico do que o meu usual, e bastante escasso em termos de referências bibliográficas. Esse estilo se impôs em função do propósito do texto, mas acredito que não o torna intragável.

Já as Partes 2 e 3 do livro compilam algumas investidas específicas dentro desse campo que tentei mapear na Parte 1. Aqui, diferentemente da Parte 1, não há pretensão sistemática ou "visão de conjunto": o que encontramos são "estocadas", investidas pontuais em campos que foram mapeados na Parte 1, e dos quais tento me ocupar de forma propositiva, polêmica e construtiva. O estilo aqui, em geral, é mais "solto", recorrendo conforme me parece oportuno a coloquialismos, neologismos e até vulgaridades; não me furto à norma culta quando ela ajuda, mas não me encastelo nela, permitindo-me derivar em direção a outras formas comunicativas caso me pareça oportuno para que nos entendamos (eu e você, leitor) da melhor forma possível. Dentro desse escopo, a Parte 2 enfatiza elementos ligados, ainda, à autorização do psicanalista – sem a pretensão sistemática e descritiva, mas com uma pretensão analítica e crítica. A Parte 3, por sua vez, enfatiza elementos ligados à configuração social e comunitária da psicanálise brasileira atual, particularmente no que diz respeito à sua interação com o racismo, o elitismo e o legado patriarcal escravista brasileiro.

O texto que compõe a Parte 1 foi escrito como um bloco, entre os anos 2021 e 2022, e está sendo publicado pela primeira vez. Acredito que seja possível ler os capítulos que o compõem separadamente, mas tive em vista o leitor que lê o "bloco" de forma integrada e integral. Já os textos que compõem as Partes 2 e 3 são derivados de textos que já apresentei antes (oral ou textualmente), que foram revistos e adequados em vista do papel que desempenham neste livro. Em cada um deles é indicada a publicação da qual deriva.

# Parte 1
Autorização em psicanálise:
uma visão de conjunto sobre
o lugar de pensamento habitado pelo
psicanalista ao exercer sua práxis

# 1. Autorização em psicanálise: elementos intervenientes

## *Definição preliminar*

Autorização é o termo dado ao processo por meio do qual uma determinada pessoa interessada em atuar como psicanalista se apropria das condições necessárias para assumir esse título em termos adequados ao contexto em que está/pretende estar inserida.

Escusada a arbitrariedade do processo, pode-se supor que para que a autorização tenha lugar é necessária a convergência satisfatória de dois conjuntos de determinantes: aqueles de ordem social/comunitária e aqueles de ordem singular/idiossincrática. Chamarei o conjunto de determinantes de ordem social de "dimensão social", e o conjunto de determinantes de ordem singular/idiossincrática de "dimensão singular" (ainda que essas determinantes se entrecruzem, não compondo, portanto, rigorosamente falando, "dimensões" independentes).

A *dimensão social* diz respeito ao modo como uma pessoa pleiteia admissão, circulação e pertencimento em meio aos grupos e instituições que se reconhecem como representantes da psicanálise num dado tempo e meio. Ainda que conjunturalmente não disponham de recursos legais para definir quem é ou não psicanalista, esses grupos e instituições estão imbuídos (socialmente) de condição para chancelar ou não o posicionamento de uma pessoa enquanto psicanalista – por isso o reconhecimento da pessoa enquanto psicanalista por pelo menos um grupo ou instituição vinculado à comunidade psicanalítica é virtualmente imprescindível caso se pretenda alguma legitimidade no exercício da práxis.

A *dimensão singular*, por sua parte, diz respeito ao processo ideativo e afetivo pelo qual uma pessoa passa desde o momento em que decide ser psicanalista até o momento em que reconhece que é, efetivamente, psicanalista. Esse processo, no entanto, se dá em dois tempos: num primeiro momento a pessoa sente que "entendeu" a teoria psicanalítica e as características básicas de sua aplicação (aqui a pessoa pode supor que é psicanalista e se autorizar como tal, mas estará equivocada); (se tudo vai bem) isso eventualmente se revela um engodo, na medida em que a pessoa percebe que "entender" a psicanálise não torna a psicanálise "aplicável", e com isso entende que *aquilo* que ela tinha apreendido *não* caracteriza a psicanálise enquanto práxis – e assim se torna possível a autorização propriamente dita, do ponto de vista dos determinantes singulares (já que a percepção do "engodo" põe em marcha uma segunda etapa de autorização singular, mais íntima e efetivamente singular). A primeira etapa do processo singular de autorização não é o que autoriza uma pessoa psicanalista, mas é incontornável na medida em que instrumenta e executa o processo propriamente singular. Um filósofo que trabalha com psicanálise como objeto de seu ofício, um psicoterapeuta que mobiliza a psicanálise como referencial teórico de base para um trabalho psicológico etc. não precisam passar pelo processo propriamente singular, por exemplo.

As duas dimensões do processo de autorização em psicanálise descritos aqui (social e singular) interagem dinamicamente entre si, de forma que em cada trajetória singular essa composição assumirá características próprias. Essa composição se constitui a depender: 1. dos determinantes singulares do *impulso* de uma dada pessoa *em direção* à psicanálise e *através dela*, tomada enquanto complexo ideativo referencial; 2. das características naquele momento específico do(s) grupo(s) ou instituição(ões) específico(s) em meio ao qual aquela pessoa pleiteia instalar seu processo formativo; e 3. da concatenação específica dos determinantes fortuitos (professores, interlocutores, analistas, supervisores, textos e outros condicionantes materiais etc.) que instalam o complexo idealizado da psicanálise no imaginário dessa pessoa.

A despeito do elemento singular e imprevisível, pode-se atribuir aos determinantes sociais a função primordial de oferecer ocasião para o ensino doutrinário da psicanálise e sua instalação imaginária mediante o favorecimento de vínculos interpessoais afetivamente investidos (encontros com colegas, professores, analistas, supervisores etc.). Nesse sentido, a dimensão social da autorização regula a transmissão da psicanálise no tempo – inclusive se arrogando, casualmente, uma vocação negativa para esse papel (o que significa: arrogar-se autoridade para tentar estipular a legitimidade ou não de tal ou qual psicanalista ou de tal ou qual forma de exercer/conceber a psicanálise. Essa função regulatória negativa, convém frisar, não é legitimada por nenhuma instância que não o endosso tácito por parte da comunidade genérica dos psicanalistas naquele tempo e meio àquele grupo ou instituição).

Em contrapartida, a despeito do efeito regulador imprescritível das comunidades e instituições, pode-se atribuir à dimensão singular e idiossincrática (e apenas a ela) a dimensão *eficiente* da autorização – ou seja: apenas na trajetória singular se define que uma dada pessoa conseguiu se autorizar psicanalista *onde isso importa*. O que equivale a dizer que a função reguladora da dimensão social da autorização exerce um efeito de formação/contenção/acolhimento da autorização em psicanálise, mas apenas a trajetória singular garante ao interessado o acesso *de facto* à condição de psicanalista. Isso se deve ao fato de os processos singulares de autorização serem majoritariamente imprevisíveis em seus contornos, e por consequências imprescritíveis em seus determinantes – o que não impede, claro, que haja sistematização e acompanhamento minucioso na formação do psicanalista ou nos termos com que ele executa sua práxis.

## *A dimensão social (comunitária) da autorização: breve descrição dos fatores relevantes em sua concatenação*

Abordaremos a seguir a dimensão singular do processo; por ora, convém explorar brevemente alguns elementos que participam das comunidades e instituições no meio psicanalítico em que estas atuam sobre a dimensão social do processo de autorização. A minúcia dos parâmetros e a concatenação desses elementos dependerão, evidentemente, de particularidades conjunturais, de forma que a descrição a seguir apresenta os elementos em uma definição abrangente e genérica.

*Analistas didatas* (analistas de pessoas em processo de formação): tida como condição necessária e imprescindível no processo de formação, a análise efetuada pelo aspirante a analista tem como função mínima oferecer ao candidato uma "experiência íntima" do inconsciente e de seu poder eficiente na dinâmica psíquica, bem como proporcionar a "higiene mental" do analista (que deve, na medida do possível, poder suspender julgamentos e pendores pessoais, o que exige recursos psíquicos para tal) e ainda servir como "modelo" para a concepção ideativa, por parte daquele analista em formação, acerca de como uma análise transcorre; em resumo, a função mínima da análise de um analista em formação é oferecer condições de *confiar* na psicanálise quando do exercício de seu ofício. Em contextos específicos, infelizmente, a análise "didática" é captada por mecanismos institucionais de controle, por disputas internas de poder e por derivações autoritárias da atribuição de função prescritiva para esse elemento da autorização.

*Mestres e arcontes*: internamente a instituições e grupos (formal ou informalmente) constituídos no horizonte da cena psicanalítica de um dado tempo e meio, concentra-se nas mãos de um número limitado de psicanalistas a função de regular a psicanálise praticada nos espaços onde a autorização (do ponto de vista social) está em curso. Assim erigem-se arcontes e mestres, imbuídos da condição de legislar acerca da aceitabilidade ou não e da pertinência ou não de pessoas, enunciados e ações. São, em resumo, pessoas com função *executiva* no horizonte da definição da psicanálise num dado tempo e meio.

*Autores canônicos*: uma parte significativa do ensino doutrinário, conceitual e técnico da psicanálise é disposta em função de autores que consolidaram obras de referência no horizonte da comunidade psicanalítica larga – autores como Freud, Klein, Ferenczi, Lacan, Bion, Winnicott etc. Os cânones psicanalíticos, assim, são dispostos em função de composições doutrinárias peculiares organizadas a partir das obras desses autores. No campo psicanalítico, a praxe é que essas obras não sejam abordadas por consistência conceitual interna ou à moda filosófica, mas sim a partir de composições parciais e leituras intencionais, delineando desta forma campos doutrinários peculiares que serão adotados por comunidades específicas a partir das obras de um ou mais autores. Esses campos doutrinários, por sua vez, também não serão conceitualmente consistentes, mas a partir de sua disposição específica comporão *etiquetas*, ou seja, modos peculiares de regulação dizendo como se deve atuar no horizonte daquela comunidade, tanto no contexto de como ler tal ou qual texto e autor como em contextos mais amplos, como a organização de uma prosódia, uma retórica ou um modo de inflexão argumentativa peculiar. É comum, portanto, que uma dada comunidade ou instituição componha um campo autoral canônico de sua eleição, em torno do qual se constituem redes de afinidade eletiva privilegiando ou prescrevendo um determinado campo de comentadores e textos de apoio (*proscrevendo*, no mesmo gesto, uns outros tantos comentadores e textos de apoio). Com isso, compõe-se uma imago autoral canônica peculiar, que capta um referente autoral canônico específico (Lacan, Winnicott, Bion etc.), estipula uma estratégia peculiar de leitura (que compõe, assim, o cânone, este um recorte intencional no horizonte da obra do autor canônico eleito) e estabelece itinerários aceitáveis e inaceitáveis na interpelação deste campo autoral instituído. Pode-se dizer, em resumo, que os autores canônicos serão captadores imaginários e organizadores autoritativos acerca de uma composição peculiar dos *princípios* de psicanálise construídos e mobilizados por uma dada comunidade.

*Superpsicanalistas*: tanto aquém como além dos campos comunitários e institucionais específicos se encontram pessoas com particular renome e prestígio, que se endereçam a amplos campos de psicanalistas e eventualmente de leigos; são agentes importantes na composição de uma atmosfera intelectual específica, na medida em que influenciam de forma decisiva a composição do arcabouço de autores percorridos, os temas tratados e a forma como são tratados. Enfim, interferem decisivamente na composição da cartografia psicanalítica peculiar ao tempo e meio sob sua influência.

Na medida em que contribuem para a divulgação da psicanálise e para a vulgarização de seus conceitos e princípios fundamentais, os superpsicanalistas são agentes importantes na garantia de acesso a conhecimento psicanalítico por parte da comunidade ampla, dirimindo assim os riscos de concentração excessiva de poder e autoridade nas mãos dos arcontes institucionais. Em contrapartida, o efeito solar de sua influência e abrangência (mormente fortalecido pela usual perícia retórica assumida por essas pessoas) pode gerar um efeito de submissão e retraimento da parte daqueles interessados na psicanálise, que se sentiriam assim fundamentalmente alijados dos recursos que os permitiriam sequer sonhar em um dia "ser como eles". Essas pessoas usualmente se encarregam de transmitir ao grande público uma imago autoral canônica organizada, oferecendo um modo de leitura peculiar de um cânone específico e exercendo-o em minúcia. São pessoas, em resumo, imbuídas de função *divulgadora* e *normativa* acerca dos contornos e potenciais da psicanálise pensada num dado tempo e meio.

*Supervisores*: outro dispositivo tido como um condicionante necessário e imprescindível no processo de formação diz respeito à "prática clínica supervisionada". Do ponto de vista prático, a prática clínica supervisionada se oferece como ocasião para o principiante entrar em contato com a práxis clínica, podendo contar com orientação e apoio afetivo da parte de um profissional mais experiente, que recolhe relatos, sistematiza impressões e oferece recursos para pensar clinicamente na construção e encaminhamento do caso em curso. Historicamente, a essa função mínima se associou uma outra, potencialmente limitante e opressora, que é a de fiscalizar o exercício clínico do profissional principiante, corrigindo excessos e carências e ajustando desvios e imprecisões, tendo por objetivo, com isso, ajudar a construir uma psicanálise "correta" – mas incorrendo quase necessariamente no policiamento e submissão do iniciante à autoridade censora dos mais velhos, detentores do saber e da Lei. Afora essas funções institucionalmente regulamentadas entrevê-se uma outra, difundida de forma mais anárquica nas comunidades psicanalíticas: uma em que colegas e textos proporcionam ocasião para (re)pensar a práxis, numa atividade imaginativa e sem função normativa. A partir dessa definição pode-se supor a existência de encontros com "efeito de supervisão" se desenhando em encontros com colegas de percurso e experiência semelhantes, ou em encontros informais, ou mesmo no encontro com textos e apresentações de colegas. Disso decorre que a figura do "supervisor", no horizonte da dimensão social da autorização, capta elementos das figuras do superpsicanalista, do arconte e eventualmente do "didata", mas exerce uma função que não lhe é específica (sendo, pelo contrário, usualmente disseminada em atividades diversas de um profissional instalado e ativo em uma comunidade psicanalítica).

*Respiros*: na contrapartida do efeito de constrangimento e restrição que instituições e comunidades podem promover constituem-se alguns espaços privilegiados de "respiro" – atividades formais ou informais, internas ou externas ao aparato institucional, por meio dos quais os membros da comunidade extravasam angústias e inquietações mobilizadas pelo processo (social) de formação. Rigorosamente falando, no entanto, não se trata de um "extravasamento" se pensarmos que esse "respiro" é parte fundamental das dinâmicas de comunidades ou instituições e inteiramente subscrita a elas (de forma que talvez convenha falar, mais precisamente, de uma "recaptura" ou de um dispositivo de duplo vínculo). Os respiros são usualmente considerados espaços de saúde pela maioria dos agentes de uma instituição (com o que não se deve perder de vista que eles são parte intrínseca ao processo como um todo).

## Enquadramento: breve descrição de elementos influentes na concatenação da cena clínica

O termo "enquadre" (às vezes chamado pelo termo inglês *setting*) é utilizado em alguns nichos do movimento psicanalítico, de forma relativamente polissêmica.[1] Neste texto considero "enquadramento" o efeito *estruturante*[2] desempenhado por alguns conceitos em relação à cena clínica em que atua o psicanalista.

Cada um desses conceitos conta com ampla discussão no cerne do movimento psicanalítico, e não tenho interesse ou capacidade para sistematizar, compilar ou contribuir de forma inovadora para os debates técnicos específicos. A única pretensão que tenho com esse item, na verdade, é organizar esses elementos em vista do papel que desempenham para a concatenação da cena clínica, ou seja, como elementos relevantes na *instalação, consolidação* e *sustentação* do drama humano de que se ocupam paciente e analista quando a psicanálise acontece. Isso, por sua vez, nos interessa na medida em que ajuda a compreender como o psicanalista se posiciona no contexto de sua práxis.

A proposta, portanto, é recuperar alguns elementos centrais na estruturação do encontro clínico para que sejam contempladas *em função* do modelo de autorização delineado neste texto, oferecendo assim uma visão de conjunto acerca da forma como o analista instala e habita a psicanálise no contexto de sua práxis.

---

[1] Para definições operatórias diversas do conceito, remeto o leitor interessado a Winnicott (2000); Bleger (2002); Etchegoyen (1999) e Green (2008).
[2] Não me refiro à "estrutura" no sentido do movimento intelectual "estruturalista", mas no sentido de "bases estáveis" – como as estruturas de uma construção, por exemplo.

## Regra fundamental

Freud chamava de "regra fundamental" a proposição da *associação livre* como referencial de base para a disposição do paciente em termos discursivos – ou seja: a regra era que o paciente associasse livremente, e a condução do trabalho da dupla seria referida a essa regra (fosse ela observada ou não). (Em tempo: "associação livre" diz respeito à disposição segundo a qual o paciente diz tudo que lhe vem à cabeça, sem censura ou julgamento prévio, conforme e quando lhe ocorre.) Considera-se a associação livre *stricto sensu* impraticável (posto que, em estado de vigília, sempre haverá algum grau de censura ou julgamento prévio), de forma que sua observação constitui um *modelo* a referenciar e pautar o efetivo encontro, e não uma ocorrência efetivamente implantada no discurso do paciente. Percebe-se, ademais, que a associação livre nem sempre constitui a melhor referência para o trabalho da dupla, devendo em ocasiões ser relativizada, suspendida ou suplementada por outras modalidades de discurso que dividem com ela esse espaço referencial.

À associação livre do paciente será ofertada uma modalidade específica de escuta, que pode ser considerada a contrapartida do analista na composição da "regra fundamental": trata-se da atenção flutuante (ou "atenção equilibradamente suspendida", tradução mais literal do termo freudiano *gleichschwebende Aufmerksamkeit*). A atenção flutuante é o pano de fundo de um certo *modo de presença* implementado pelo analista quando do exercício de sua práxis, que permite ao analista estar disponível para regimes de afetação diversos e racionalmente incompatíveis/inconsistentes entre si. Trata-se, basicamente, da composição de: 1a. uma atenção à narrativa efetivamente em curso (a "historinha" que o paciente traz), mas também 1b. às modulações de entonação e mimo-gesto-posturalidade e modulações linguísticas (cacoetes, fonações peculiares, lapsos e atos falhos etc.); 2a. uma forma de raciocínio de quem tenta compreender a narrativa, mas também 2b. a forma de raciocínio de quem tenta compreender o que a narrativa narra para além de si e o que a narrativa diz acerca da transferência; 3a. concatena, também, um pensamento acerca da clínica, mas também 3b. um pensamento acerca da teoria psicanalítica e acerca das afetações do analista em função de seu estar-ali no encontro.

A composição entre a associação livre do paciente (mesmo que nunca seja "perfeitamente" adotada) e a atenção flutuante do analista é o elemento básico da "regra fundamental".

*Transferência*

Um dos postulados básicos da clínica psicanalítica prevê que o paciente retoma, na relação com o analista, disposições relacionais que entabulou com pessoas significativas de seu passado (particularmente com figuras de cuidado com as quais contou em sua infância). A essa tendência Freud deu o nome de "transferência": o paciente "transfere" para o analista disposições pregressas, retomando formas de investimento e relação que estabeleceu com pais, mães, professores, cuidadores etc. ao longo de sua história de vida.

Na prática, a transferência é o elemento de que o analista mais se ocupa (para além da consciência) em sua atenção flutuante – e isso ocorre porque a atenção flutua *em função* do papel que os elementos componentes da cena clínica desempenham para a comunicação afetiva do paciente, que se dá eminentemente em termos transferenciais.

O que isso significa é que o analista escuta histórias, queixas, silêncios, lapsos, disposições corporais, disposições de temperamento etc., atento sempre ao que aquilo diz sobre a disposição afetiva do paciente *no encontro clínico*. Essa "seletividade" na concatenação da atenção flutuante se deve ao fato de que a efetividade do trabalho clínico dependerá do sucesso do analista em contribuir para o reposicionamento das disposições afetivas basais do paciente – coisa que depende sobretudo do chamado "manejo da transferência".

"Manejo da transferência" significa, por sua vez, a disposição do analista em concatenar suas intervenções clínicas tendo em vista a existência e a influência da transferência no decurso do trabalho. Assim, uma interpretação, por exemplo, não será oferecida simplesmente porque ela ocorreu ao analista, mas sim por ele ter percebido (mais ou menos conscientemente) que aquela interpretação pode contribuir para o processo transferencial em curso. Dessa forma, a interpretação será oferecida porque ela parece compor favoravelmente com o trabalho transferencial em curso – e isso significa que o analista maneja não só o que ele escuta ou pensa, mas como o que ele escuta ou pensa contribui para a transferência; daí, enfim, a centralidade do "manejo da transferência".

Cumpre esclarecer, no entanto, que não se maneja transferências como se maneja pipas – pelo simples motivo de que quem maneja pipas está firmemente instalado no chão, enquanto o analista que "maneja a transferência" está tão imerso quanto o paciente de que se ocupa. Ainda que haja uma tradição em teoria da clínica dedicada à compreensão específica da contratransferência, e ainda que haja uma tradição que refuta a pertinência da consideração de fenômenos transferenciais na disposição clínica do analista, considero útil incluir a disposição afetiva do analista no campo referido à problemática do "manejo da transferência";[3] assim, podemos entender que o campo transferencial diz respeito à transferência do paciente, mas também à transferência por parte do analista.

---

[3] Não recuso o conceito de contratransferência ou a importância de seu estudo sistemático, mas defendo que a disposição do analista em relação à transferência faz parte da transferência, evitando assim uma postura que separa transferência e contratransferência (na medida em que entendo que esses elementos se confundem e se compõem de forma indissociável na vivência clínica).

O manejo da transferência, portanto, envolve a capacidade do analista de dispor-se afetivamente no encontro, atento às modulações do encontro e ao papel que suas intervenções e *performances* comportam para o trabalho em curso.

## Performance do analista e do cenário clínico

Além de estar presente e adotar a atenção flutuante, a presença do analista *enquanto alguém* (não só como aquele que desempenha a *função*) comporta um impacto no contexto da práxis: tratam-se das verbalizações do analista, mas também de seus silêncios, de suas expressões faciais e movimentos/disposições corporais, da forma como se põe presente e vivo, enfim. Por mais "neutro" que se pretenda ou acredite ser, todo analista está presente ao exercer sua práxis, e sua presença necessariamente impacta de alguma forma o campo transferencial que acolhe e modula o trabalho em curso. Isso significa que analistas podem se vestir de forma "sóbria" ou "extravagante", serem mais ou menos "silenciosos" ou "falantes", adotarem uma fala mais ou menos comprometida com a "norma culta" etc. – não haverá em nenhuma das alternativas menor presença ou impacto sobre o campo: tudo que haverá é favorecimento de condições de trabalho específicas em função da contribuição *do analista* para a composição do campo transferencial. Alguns elementos que compõem a *performance* do analista, inclusive, estarão alheios a seu controle – como é o caso da cor de sua pele e sua bagagem cultural básica, para mencionar apenas dois exemplos.

Também podemos (e devemos) considerar uma contribuição do próprio consultório adotado pelo psicanalista para a ocasião do encontro na composição do campo transferencial. Isso diz respeito, por exemplo, ao endereço onde está instalado o consultório: se é uma região "nobre" ou "pobre" da cidade; se é um lugar "luxuoso" ou "modesto"; se é um consultório "tradicional" ou "despojado"; se é "acolhedor" ao paciente ou se lhe parece alheio, hostil ou perturbador; qual lugar confere às artes visuais, iconografias, divã etc.

A tendência é que esses elementos materiais sejam associados à disposição transferencial do paciente em direção ao analista, e que sejam incorporados ao campo transferencial que acolhe o trabalho da dupla.

*Diagnóstico e noções psicopatológicas de efeito pretensamente cognitivo, prescritivo e prognóstico*[4]

Tradições diversas dentro do campo psicanalítico conferem papéis diversos ao diagnóstico, prognóstico etc. Apresentarei mais à frente neste texto os motivos por que considero importante que o analista em formação seja exposto aos fundamentos do raciocínio clínico e que possa compreender como funcionam "em geral" (e em teoria), para que consiga se apropriar (ou se desfazer) deles no cotidiano de sua práxis. Atualmente e até onde posso ver, o mais comum é que isso ocorra sem sistematização ou debate público, de forma que cada clínica concatena o lugar que atribuirá ao raciocínio clínico "tradicional" conforme lhe caia melhor (o que me parece relativamente problemático).

Seja como for, parece-me inevitável que o clínico adote *algum tipo* de raciocínio clínico (mais ou menos sistemático, mais ou menos coerente, mais ou menos consciente) no contexto de sua práxis, de forma que haverá alguma forma de pensamento (mais

---

[4] Também trato do papel do diagnóstico na práxis clínica psicanalítica no Capítulo 4, em "Fator 3: determinantes vinculados à formação técnica do analista"). Aqui a ênfase recai sobre o lugar do diagnóstico na estruturação do pensamento clínico em geral; no Capítulo 4 a ênfase é no papel relativo do treinamento em diagnóstica no contexto da formação do analista.

ou menos sistemático etc.) em termos semiológicos, diagnósticos, terapêuticos e prognósticos. Não me parece inteiramente necessário que essas noções sejam mobilizadas pelo psicanalista de forma sistemática ou consciente, mas me parece adequado que possa haver alguma forma de treinamento, de maneira que o pensamento clínico esteja apoiado em bases que ofereçam apoio ao analista no exercício de sua práxis.[5]

*Caso clínico*

Em função de seu contato sustentado com um paciente, o analista passa a contar com algumas noções que comportam efeito organizador para sua escuta e disposição. Essas noções dizem respeito a hipóteses diagnósticas, relatos de história de vida particularmente pungentes, interpretações que tiveram efeito significativo (para analista e/ou paciente) etc., e se agrupam em um conjunto que confere ao analista um ponto de apoio relativamente estável em sua escuta do caso – é a isso que proponho chamar

---

[5] Tenho percebido na comunidade de psicanalistas com os quais interajo a prevalência de dois "modos" principais de estruturar o pensamento psicopatológico: um deles seria mais pautado pelo recurso a figuras diagnósticas "estruturais", ou melhor, como entes mórbidos estanques – nessa tradição, um diagnóstico (como "histeria", "psicose", "melancolia" ou o que for) prevê uma determinada configuração clínica que acompanhará transversalmente o trabalho clínico; o outro modelo é pautado por figuras diagnósticas "dinâmico-desenvolvimentistas", ou melhor, como entes dimensionais estabelecidos em um *continuum* – nessa tradição um diagnóstico tem função organizadora relativa, podendo ser relegado a segundo plano, revisto ou abandonado em função do desenvolvimento do trabalho. Em termos das escolas vinculadas aos autores canônicos, o primeiro modelo se apresenta com frequência ligado ao dito "diagnóstico estrutural" que é comumente associado ao campo "lacaniano", enquanto o segundo se vincula à dita "clínica da regressão", que é comumente associada aos campos "winnicottiano" e "ferencziano" (e "contemporâneo", e "pós-escolas").

"caso clínico", e não às pessoas que entram e saem do lugar onde o analista trabalha. Em sua práxis rotineira acontecerá, então, que o analista receberá pessoas que o procuram na qualidade de pacientes e que, conforme ele as acolha para um trabalho sustentado, se tornem "casos" sob seus cuidados; esses "casos" serão ocasiões de sustentação de sua disposição analítica e de sua práxis enquanto analista. A maior parte das atividades com efeito de supervisão, por exemplo, se ocupa de "casos" – de sua construção, sistematização e da implementação de estratégicas clínicas adequadas ao "caso" em questão (ou àquele "tipo" de caso).

Parece-me eticamente importante que a construção do "caso" clínico não envolva o estabelecimento de uma "barreira" entre o analista e as pessoas de que se ocupa – coisa que infelizmente tende a ocorrer quando a adesão do psicanalista a uma instituição ou sistema teórico referencial é dogmática ou "ensurdecedora". Ou seja: considero importante que a construção de "caso" sirva como ponto de apoio ao analista, mas não o distancie da dimensão humana do encontro em curso.

## *Situação relativa dos fundamentos da práxis psicanalítica na vida mental do psicanalista*

Conforme descreveu Freud, os pressupostos fundamentais para o adequado exercício da práxis psicanalítica são três: análise pessoal do analista, prática clínica supervisionada e formação teórica. São conhecidos como "tripé freudiano".

É comum imaginar o "tripé" como se fosse uma espécie de banco de três pés – de forma que o analista, no fim das contas, estaria "sentado" (figurativamente) sobre um banco de três pés, que é justamente o tripé. Considero essa imagem problemática

– em primeiro lugar porque ela autonomiza os elementos do tripé, dando a entender que eles são sólidos e robustos e só interagem porque "distribuem entre si" o peso do ofício, e em segundo lugar porque desconsidera o fato de que os elementos só serão três se pressupusermos uma instituição que organiza esses três entre si.

Freud, evidentemente, não precisou se ocupar da segunda questão – a instituição de referência era a *Internationaler Psychoanalytischer Verlag* (posteriormente "rebatizada" de *International Psychoanalytical Association*, a famosa IPA). Hoje em dia, a psicanálise é pensada e ensinada em diversas instituições, e não podemos pressupor que a pessoa traçará todo seu percurso em uma única instituição – com isso chegamos à necessidade de explicitar um "quarto pé", que seria a vinculação comunitária do analista a esta(s) ou aquela(s) instituição(ões) e/ou grupo(s), e é essa vinculação que confere estabilidade e consistência aos demais "pés".

Isso, por sua vez, nos leva a ver que os elementos do "tripé" não são estanques e sólidos como os pés de um banquinho – são mais como fios de uma trança, articulados entre si de forma a compor uma trama, compacta e robusta *por sua articulação intrínseca*. Essa articulação, como disse, depende da vinculação do analista a uma comunidade psicanalítica que lhe ofereça parâmetros e condições de troca, reflexividade, crítica e arejamento, de forma que temos quatro "fios" se compondo e ganhando, por sua articulação, firmeza. Assim, podemos pensar em uma "rede" em vez de pensarmos em um "banquinho": são quatro fios que se compõem na tessitura da rede, que ganha firmeza e confere sustentação ao analista por sua articulação intrínseca.

Em resumo: o "tripé" freudiano considerado aqui não tem três pés, mas sim quatro; eles não são pés, mas sim fios de uma trança; e não se trata de um "banquinho" no qual o analista senta, mas sim de uma "rede" que o acolhe e sustenta (e que é, ao mesmo tempo, seu pensar enquanto processo, no horizonte de uma psicanálise que seria, enfim, uma práxis). Neste item falarei apenas dos três elementos mais "freudianos" do tripé, porque os elementos comunitários foram descritos e considerados em itens anteriores deste texto – peço que o leitor mantenha em mente o papel decisivo desempenhado pela comunidade de referência do aspirante a psicanalista na articulação dos três outros "fios" e na composição dessa "rede".

*Teoria*

A teoria oferece ao analista uma imago geral de psicanálise, à qual se relaciona afetivamente.

Oferece, também, concepções do humano, dos processos saúde-doença e dos modos de intervenção clínica psicanalítica, articuladas ou não a uma teoria geral do cuidar. Essas concepções podem ser mais ou menos integradas e conscientemente percebidas e articuladas pelo psicanalista – não é imprescindível que essas concepções sejam teorias consistentes ou robustas, mas elas devem oferecer recursos operatórios para o analista no exercício de sua práxis.

Oferece, enfim, um ponto de apoio para a inserção do psicanalista em sua microcomunidade psicanalítica de referência. Ligado a isso, pode-se dizer que a teoria articula entre si elementos oriundos de experiências afetivamente significativas que serão integradas ao seu espaço de pensamento psicanalítico.

## Prática clínica supervisionada

Proponho, de partida, uma ampliação desse "pé" freudiano para além da supervisão clássica da prática clínica do psicanalista (aquela feita no consultório particular de um psicanalista mais experiente, de acordo com o contrato liberal tradicional): proponho considerarmos fundamental a sustentação de ocasiões periódicas de troca ideoafetiva entre o psicanalista e sua microcomunidade psicanalítica de referência; proponho considerar que essas trocas ideoafetivas significativas terão *efeito de supervisão* na relação do psicanalista com sua práxis.

Num cenário "clássico" de supervisão, por exemplo, minha percepção é de que tanto o supervisor quanto o supervisionando podem auferir efeito de supervisão (ou apenas um deles, ou nenhum deles, claro – depende da situação). As famosas "conversas de copa de clínica", em que colegas psicanalistas trocam resíduos diurnos de suas vivências no cotidiano da práxis, também podem ter efeito de supervisão. Outros tantos exemplos poderiam ser arrolados no sentido da ampliação do campo que aufere esse efeito.

Refiro-me, doravante, a *essa* concepção ampliada de supervisão, na descrição de sua função fundamental.

A supervisão localiza o psicanalista em uma microcomunidade de referência; ajuda-o a situar seus referentes de forma afetivamente integrada, metabolizando teorizações estéreis ou idealizadas (e superegoicas) e sinalizando para distorções e diluições em sua práxis (em vista, claro, do que seria clinicamente mais efetivo e significativo, dos parâmetros eficientes para aquele psicanalista e em interação com aquela microcomunidade). A supervisão oferece ocasião de autopercepção, de *insight* e de articulação crítica acerca de sua concepção singular de práxis, de seu estilo e do lugar da práxis clínica em sua vida em geral. Ajuda, ocasionalmente, a manejar situações clínicas específicas, ajustando posturas e estratégias de escuta e condução, de forma a melhor conduzir um caso específico em uma situação específica. Oferece, por fim, oportunidade de "sanitização" do espaço mental mobilizado no exercício de sua práxis – facilitando a percepção e o processamento de rancores, indisposições, desilusões e outros elementos mortíferos na habitação do espaço e no exercício da práxis.

*Análise pessoal do analista*

Proponho que consideremos como "análise pessoal do analista" não só o tempo e o espaço em que um analista encontra seu próprio analista para proceder à sua própria análise, mas sim toda atividade mental relacionada à análise que o analista pode proceder em relação a seu próprio estado e funcionamento mental – particularmente nos pontos nos quais isso intersecciona o espaço mental mobilizado no exercício de sua práxis (espaço que mobiliza a função psicanalítica de sua personalidade). Considero que a análise pessoal *stricto sensu* do analista oferece um condensador bastante potente para essa análise do analista, mas não é a única ocasião em que ela ocorre – a práxis clínica do analista, por exemplo, mobiliza recorrentemente essa dimensão de análise pessoal, assim como bons encontros com pessoas significativas, devaneios em estado de relaxamento etc. Parece-me claro, no entanto, que a análise pessoal *stricto sensu*[6] comporta, ao menos em algum momento inicial do percurso do analista, um papel insubstituível.

---

[6] Quando me refiro à análise pessoal *stricto sensu*, não a estou restringindo ao modelo individual em consultório particular, mas incluo modalidades de encontro clínico que proporcionam ao aspirante a analista ou ao analista uma "experiência do inconsciente", como diria Freud (isso pode acontecer, até onde posso entender, em análise de grupo, em contextos clínicos com *setting* diferente do clássico e outros contextos diversos daquele da clínica particular individual).

A análise pessoal do analista oferece ocasião privilegiada para funções que atribuímos à supervisão – ajuda a diluir relações tóxicas com a teoria, ajuda a processar vivências clínicas perturbadoras etc. Esse efeito se dá em outros espaços, mas se dá também na análise pessoal, e essa função não deve ser desconsiderada. Além disso, a análise pessoal do analista oferece ocasião para vivenciar o funcionamento da práxis clínica psicanalítica a partir de um estado relaxado, sendo, portanto, ocasião de vivificação da relação do psicanalista com a psicanálise enquanto objeto mental e espaço de pensamento. A análise pessoal funciona, também, como espaço para a diluição (ou liberação relativa) de complexos e sintomas que poderiam gerar limitações incapacitantes (ou iatrogênicas) no exercício da práxis clínica – é ocasião, portanto, de ganho de saúde mental por parte do analista, e sempre que esse ganho interseciona com a operação (e operacionalização) da função psicanalítica da personalidade, afeta diretamente a práxis. Por fim, a análise pessoal do analista oferece ocasião para articulação da função da psicanálise na vida emocional do analista em relação direta com sua vida inconsciente e com seu narcisismo – o que permite a internalização da psicanálise enquanto instrumento analítico (e não só como dispositivo intelectual ou como conjunto prescritivo de noções e regras).

*Teoria, pesquisa, tratamento (dimensões da psicanálise)*

Além da proposição do "tripé de formação", Freud sinalizou que a psicanálise é uma práxis tripartite: a um só tempo um modo de tratamento, um modo de pesquisa e uma teoria sobre o humano. Entendo que a práxis psicanalítica imbrica esses elementos de forma inextrincável, de forma que só se pode falar de práxis psicanalítica na medida em que as três dimensões estejam em operação.

Isso, no entanto, só se configura sob condições bastante específicas de consideração desses elementos. Em resumo, pode-se dizer que a teorização em causa é uma teorização alheia à consciência do "pesquisador", o modo de tratamento é eminentemente não diretivo (alheio, portanto, a propostas de "ortopedia moral" ou "reengenharia comportamental") e o modo de pesquisa é excepcionalmente móvel (em termos de hipótese, de método, de circunscrição formal-temporal e de modo de análise dos resultados). A autonomização ou priorização de qualquer uma dessas dimensões em detrimento das demais é possível e potencialmente fértil em algumas circunstâncias, mas nos afasta do campo do que se poderia considerar, *stricto sensu*, psicanálise – e isso porque a ocupação simultânea dessas dimensões também é característica fundamental do espaço de pensamento ocupado pelo psicanalista quando do exercício de sua práxis.

# 2. Autorização em psicanálise: uma proposta de sistematização do processo em sua dimensão singular

*Pressupostos*

A dimensão singular do processo de autorização em psicanálise diz respeito, principalmente, à constituição do espaço mental ocupado pelo psicanalista ao exercer sua práxis e às suas condições de habitação e uso desse espaço mental.

Cumpre observar, nesse sentido, que o espaço de pensamento habitado pelo psicanalista ao exercer sua práxis não está circunscrito à consciência. Nessa medida, não importa muito o que o psicanalista *acha* que ele faz quando pensa psicanaliticamente, mas sim o que *acontece* em termos de pensamento quando ele faz o que faz na psicanálise.

Similarmente, é importante manter em vista que a percepção consciente do psicanalista acerca do que *ele consideraria* seus determinantes fundamentais de escuta não serão considerados decisivos para nossos propósitos (visto que não são decisivos para a operacionalização do espaço mental de pensamento na práxis em si).

Também é importante reiterar que, neste texto, o que é referido como práxis psicanalítica não abrange a mobilização da teoria ou do conhecimento psicanalítico em ofícios como teorização de inspiração psicanalítica, psicoterapia de orientação psicanalítica ou qualquer outra modalidade prática influenciada pela psicanálise, mas que não seja clínica psicanalítica *stricto sensu*.

## *Articulação intrínseca dos elementos fundamentais para o exercício da práxis clínica*

### Dinâmica da articulação intrínseca

Todos os elementos delineados no capítulo anterior (quais sejam, os três componentes do "tripé freudiano", as três dimensões da práxis psicanalítica, os elementos que contribuem para o enquadramento da cena clínica e os elementos sociais da autorização) serão mobilizados e articulados na constituição, consolidação e sustentação do espaço mental ocupado pelo psicanalista ao exercer sua práxis.

Constituição, consolidação e sustentação são modos afetivamente distintos de investimento do analista no espaço mental que habita ao exercer sua práxis, que espero serem intuitivamente compreendidos a partir de sua nomeação: constituição diz respeito eminentemente à sua disposição iniciática (de forma que haja espaço de pensamento psicanalítico ali onde antes não havia); consolidação diz respeito ao ganho de firmeza ou confiança na habitação dele; e sustentação diz respeito à tranquilidade ou espontaneidade no exercício em situações que poderiam sinalizar, da parte do analista, relaxamento ou mesmo prazer. Não são modos incompatíveis ou mutuamente excludentes, mas são modos distintos – assim, a despeito das especificidades do que chamamos de constituição, consolidação e sustentação, podemos conceber que esses três movimentos são articulados entre si e continuamente retomados ao longo do tempo em que a pessoa se dispõe a sustentar uma práxis psicanalítica em sua vida.

Existe, evidentemente, um momento "inaugural" de constituição desse espaço (que recapitula e organiza disposições mentais já existentes na vida mental e afetiva daquele sujeito – mas ainda assim pode-se dizer, para fins de organização, que se trata de algo "inaugural"), quando o sujeito começa a se ocupar sistemática, formal e/ou profissionalmente da práxis psicanalítica, mas esse "primeiro começo" será revisitado e retomado ao longo da trajetória do analista, provavelmente diversas vezes – o que implica dizer que existe um "primeiro começo", mas que o sujeito relança sua disposição em relação à psicanálise ao longo de sua trajetória, conforme sua trajetória assim o exige. Pode-se supor, portanto, que, no início cronológico de sua trajetória, um analista se ocupa mais da constituição que dos outros modos; também se pode supor que um analista com muitos anos de prática sustenta mais do que constitui ou consolida – mas não se pode ter certeza *a priori* de que esse seja o caso (e em muitas situações acho que de fato não é, ou seja, muita gente com muitos anos de clínica vive momentos em que consolida mais do que sustenta, por exemplo). Quero dizer com isso, no fim das contas, que a relação do psicanalista com o espaço mental que ocupa ao exercer a práxis psicanalítica é, em si mesma, dinâmica, e um bom jeito de compreender esse dinamismo pode passar por essa distinção entre "modos" que propus aqui.

Isso já diz algo acerca da sustentação do espaço mental ocupado pelo analista ao exercer sua práxis – afinal, o relançamento da constituição significa que a sustentação envolve a disposição em revisitar os fundamentos, parâmetros e condições de sustentação desse espaço.

E isso, por sua vez, sinaliza para o fato de que a consolidação do espaço mental do analista não é um processo de enrijecimento ou de cristalização, mas sim um exercício de confiabilidade, ou seja, de apropriação de recursos recolhidos ao longo da trajetória daquele analista em sua relação com a formação, a autorização e a práxis em si mesma.

*A articulação intrínseca no que diz respeito ao "tripé"*

Tomemos como ponto de partida (arbitrário e exemplar) a análise pessoal do analista. É importante considerar, antes de mais nada, que a ocasião material dessa análise (quando ele está trabalhando com seu analista, no tempo e ocasião da sessão) é uma plataforma para a consolidação de sua imago de psicanálise e, portanto, é uma atividade com repercussões práticas em relação aos demais elementos que compõem o espaço mental mobilizado na práxis. Um exemplo prático que sinaliza para essa dinâmica: se um analista vive uma experiência iatrogênica em sua análise pessoal (o analista esquece da sessão e se isenta da responsabilidade diante do acontecido, ou o analista age de forma abusiva ou leviana), isso afeta sua relação com a psicanálise "em si" (isto é, com a psicanálise enquanto um ente abstrato que sustenta sua relação com sua práxis); pode-se pensar, para tornar o exemplo mais palpável, no caso de uma analista que vive uma situação de assédio sexual em sua análise pessoal e, num desdobramento fenomênico dessa experiência, interrompe sua práxis clínica. De forma parecida, mas no extremo oposto, a análise pessoal oferecerá um ponto de apoio para a articulação ideoafetiva mobilizada pelo analista na disposição de sua atenção flutuante (a sustentação de uma presença analítica), em função da interiorização do enquadre e da vivência de uma experiência psicanalítica simbólica, potente, acolhedora e/ou enriquecedora.

Passemos, num movimento igualmente arbitrário, para a consideração do papel da supervisão no lugar mental ocupado pelo analista. Pensemos, inicialmente, no enquadre de supervisão "clássico", em que o analista vai ao consultório de um colega com maior experiência e apresenta um relato de sua práxis, que será tomado como plataforma para uma troca clinicamente significativa entre as partes. Pois bem: ocorre aí, entre outras coisas, a oferta de mais um elemento de apoio para a imago de psicanálise mobilizada pelo analista, de forma semelhante ao que ocorre na análise pessoal do analista, e, de fato, percebemos que a supervisão e a análise pessoal podem se alimentar reciprocamente em termos do efeito que causam ao espaço mental do analista. Sabemos, também, que a supervisão oferece aporte imaginário para o analista em termos de uma performática (cacoetes de mimo-gesto-posturalidade) que o ajude a se sentir confortável na habitação do enquadre (e, consequentemente, do espaço mental que mobiliza em sua práxis). Além disso, a supervisão faz a ocasião para a apropriação afetiva e reflexiva de elementos teóricos e intelectuais associados à psicanálise (sendo, assim, uma plataforma possível para a metabolização da psicanálise enquanto ideal e enquanto bem de cultura intelectual). Para além dos exemplos mencionados, é importante lembrar que há "efeito de supervisão" em ocasiões alheias ao "enquadre clássico": reflexões por escrito, estudos teóricos, trocas com pares, ruminações e vivências culturais afetivamente significativas podem ser ocasiões propícias a vivências "com efeito de supervisão" – e a consideração dessa gama de experiências com efeito de supervisão indica uma relação bastante fluida entre a análise pessoal e a supervisão, em termos da vida subjetiva do analista.[1]

Quanto à teoria, cumpre notar principalmente que seu papel no lugar de pensamento ocupado pelo analista ao exercer sua práxis diverge da apresentação formal por meio da qual temos acesso a ela. Isso significa, acima de tudo, que a teoria enquanto sistema conceitual internamente articulado *não será apropriada* enquanto um elemento de sustentação do espaço mental do analista – a teoria será apropriada *em função* da disposição mental, da imago de psicanálise que ele mobiliza e da dinâmica de seu espaço mental psicanalítico, e esses moduladores funcionais acabam impondo peculiaridades à forma como a teoria opera na prática. Pode-se dizer, nesta medida, que a práxis clínica exige do psicanalista o recurso a um aporte teórico paraconsistente, mormente incompatível com as exigências formais que levam à consolidação de um referencial teórico psicanalítico compartilhado pela comunidade psicanalítica em suas atividades institucionais cotidianas e de transmissão. Pois bem, esse processo de apropriação da teoria para o estabelecimento de sua função no exercício da práxis colocará a teoria mobilizada em relação direta com os demais condicionantes do espaço mental do analista (análise pessoal e supervisão, no que diz respeito ao "tripé freudiano").

---

[1] Mesmo no contexto da "supervisão clássica", as funções desempenhadas na constituição, consolidação e sustentação do espaço mental de pensamento psicanalítico podem diferir muito – entre os supervisionandos que buscam primordialmente "chancela" para suas práticas, os que buscam um "professor de clínica", os que buscam "prova" de que a psicanálise "compreende" os fenômenos do encontro clínico, os que buscam apoio para desenvolver um estilo clínico singular etc.

## A "primeira constituição" do espaço mental psicanalítico

Mencionei que, ainda que constituição, consolidação e sustentação se componham em interação recíproca, existe um momento "iniciático" em que a "constituição" do espaço mental ocupa papel decisivo.

Considero que *todos* os elementos componentes do espaço mental habitado pelo psicanalista ao exercer sua práxis serão articulados entre si. São eles: 1. propensões singulares do psicanalista; 2. fatores técnicos extrínsecos à psicanálise que contribuem para uma adequada compreensão da clínica enquanto dispositivo cultural; 3. itinerários singulares percorridos por aquele psicanalista no seio da comunidade; e 4. articulação intrínseca dos elementos do tripé e dos dimensionantes da psicanálise.

Dessa composição deriva o que venho chamando neste trabalho de *imago de psicanálise* – um modelo mental complexo (um complexo psíquico) que articula os elementos cognitiva e afetivamente significativos no contexto da relação do psicanalista com a psicanálise e com a práxis psicanalítica. A imago de psicanálise, como qualquer complexo psíquico, é um fenômeno psíquico eminentemente não consciente e (por derivação) não consistente.

Pode-se supor que a imago de psicanálise, como complexo, ocupa um lugar central na constituição e na consolidação do espaço mental de pensamento ocupado pelo psicanalista ao exercer sua práxis.

No processo de "constituição primeira" desse complexo será provavelmente significativo o modo como a plataforma eminentemente racional, sistemática e consciente de relação e implementação da psicanálise enquanto ferramenta de pensamento *fracassa*. Esse fracasso diz respeito à irrupção de questionamentos e à percepção de insuficiências ou aberturas (seja porque o processo de gerar psicanaliticamente gera angústia demais, não oferece garantias, não traz remissão de sintomas, não faz tanto sentido quanto se esperaria etc.), e é um momento importante no que se pode chamar de "consolidação primeira" desse espaço mental, caso o analista consiga suportar essa crise em sua dimensão constituinte. Ou seja, parece necessário que o espaço mental possa ser habitado para além da consciência, e que a atenção flutuante prescinda do privilégio usualmente conferido aos processos conscientes, mas, para que isso aconteça, é necessário abrir mão de modos de pensamento enormemente favorecidos em nossa vida social ordinária. Esse movimento de abrir mão é justamente o que torna provável (e talvez decisiva) essa crise e esse momento de ressignificação.[2] Como o *timing*, a dinâmica e os termos desse fracasso iniciático são imprevisíveis e imprescritíveis, acredito que isso ajude a compreender por que os processos de formação em psicanálise variam tanto, e por que é impraticável às instituições garantir ou prever se, quando e como alguém poderá efetivamente trabalhar como psicanalista.

Como já mencionei anteriormente, minha prioridade ao oferecer sistematizações como essa *não é* oferecer subsídios para que as instituições burocratizem mais seus cursos e processos de formação: meu interesse principal é ajudar quem se aproxima da psicanálise a ter melhores ferramentas para compreender (minimamente, que seja) os parâmetros a partir dos quais suas trajetórias deverão se desenrolar.

---

[2] Esse processo de "crise" e sua relação com a autorização singular do analista são estudados com maior detalhe em Franco (2020c), ao qual remeto o leitor que procura mais detalhes sobre essa dimensão do processo.

# 3. Os autores canônicos e seu lugar nos jogos de autorização

A forma mais usual de situação de um psicanalista específico em relação à comunidade ampla passa pela adscrição dele a um campo autoral de referência (ou seja, situa-se um psicanalista, antes de mais nada, como "lacaniano", "kleiniano", "winnicottiano" etc.). A isso soma-se o recurso, também bastante usual, à instituição de formação daquele psicanalista ou aquela à qual ele se declara "pertencente" (ou seja, situa-se um psicanalista como sendo "do Sedes", "da Sociedade", "do Fórum", "do Círculo" etc.). Essas divisas cumprem importante papel no posicionamento dos psicanalistas no seio de sua própria microcomunidade, e também no seio da comunidade ampla. A despeito disso, convém observar com maior detalhe a que essas definições efetivamente se aplicam, e em que elas podem eventualmente promover equívocos ou soluções de compromisso intelectuais.

Já sinalizei para a compreensão segundo a qual o domínio teórico da obra de um autor canônico *não* será central no horizonte do espaço mental habitado pelo psicanalista ao exercer sua práxis – o que pretendo fazer neste item é mapear a dinâmica e função atribuída e desempenhada pelos autores canônicos no seio da comunidade psicanalítica, e como isso interage com a constituição de uma imago de psicanálise por um psicanalista qualquer.

## *Situação e movimento do psicanalista face à profissão de adscrição a um marco autoral canônico dado*

O campo teórico psicanalítico contemporâneo é distribuído sob influência decisiva do que denominei "cânones", e os cânones são organizados principalmente a partir do recurso a alguns autores específicos (os autores canônicos). Isso significa que uma boa parte do conhecimento teórico veiculado em psicanálise é adscrito a campos organizados sob autores canônicos específicos – ou seja, existe um campo teórico "winnicottiano", como existe um "lacaniano", um "bioniano" etc. Somam-se a esses campos doutrinários aqueles, menos frequentes, que se organizam a partir de campos que não são monoautorais (como a psicanálise "contemporânea", "vincular", "transescolas" etc.), e aqueles que dispõem campos teóricos sincréticos e/ou ecléticos.

Pode-se supor que uma boa parte dos psicanalistas ou estudiosos da psicanálise não pondera conscientemente acerca de sua adesão a um ou outro cânone – ainda assim, parece seguro afirmar que sua trajetória no seio da comunidade psicanalítica tende a se concentrar em torno de um marco canônico específico. Não importa o quanto esse psicanalista reflita sobre a questão ou tome consciência do processo, o que implica dizer que a adscrição a marcos autorais canônicos pode ser considerada relevante na configuração dos modos de pensamento e circulação dos psicanalistas, independentemente de quanto cada um deles se ocupa com isso e com as respectivas implicações.

Como já referido, os campos autorais canônicos não são internamente consistentes, contando com heterogeneidades internas significativas. Algumas destas são explícitas e evidentes, estabelecendo "escolas" diversas e independentes de estudo de um mesmo autor; outras são mais insidiosas e sutis, como as inúmeras diferenças nas formas de pensamento e estilo clínico que divergem o pensamento e a práxis de dois psicanalistas quaisquer. Isso significa que a adscrição a um marco autoral canônico dado não basta para situar o modo de pensamento e circulação de um psicanalista – assim, tem-se que a adscrição a um dado marco autoral canônico é *relevante*, mas não *definitiva*. Retornaremos à dimensão das interferências que modalizam a apropriação singular de um marco autoral canônico por um psicanalista qualquer em outras oportunidades ao longo do livro – por ora, deve bastar sinalizar que a singularização do modo de apropriação de um marco autoral canônico passa justamente pela dimensão singular dos processos de autorização (de forma que, paradoxalmente, a autorização não se refere apenas ao analista, mas também aos autores a que ele se refere).

## *Situação e negociação da função do autor canônico na circulação de um psicanalista qualquer em sua comunidade de referência*

À parte as modalizações de leitura que são características de todo esforço de pensamento teórico (permeando todo o campo das humanidades, por exemplo), no horizonte da teorização psicanalítica vê-se que a mobilização de figuras autorais canônicas organiza outros processos, mais peculiares: 1. *o deslizamento das imagos autorais canônicas*; e 2. *o efeito encobridor das imagos autorais canônicas em relação aos jogos de autorização.*

1. O deslizamento das imagos autorais canônicas é o processo pelo qual um determinado autor será lido de uma maneira específica em uma determinada comunidade e ocasião, conferindo privilégio a determinados textos e passagens, fortalecendo algumas articulações conceituais e obscurecendo/censurando algumas outras; assim ocorre quando alguns leitores de Freud "esquecem" das passagens em que este dialoga com a biologia de sua época, ou quando alguns leitores de Winnicott enfatizam sua "ruptura" com Freud ou a interface potencial de sua obra com aquela de Heidegger, ou quando alguns leitores de Lacan enfatizam um determinado período de sua obra ou sua interlocução com um ou outro autor em específico. O que se passa, em cada caso, é o estabelecimento de uma imago autoral canônica específica, que diverge de outros modos de acesso daquele mesmo autor avançados por outras comunidades que o mobilizam. Além disso, uma dada comunidade de leitores (ou um leitor singular qualquer) mobilizará seu marco autoral canônico de referência de modos variados, nem sempre consistentes entre si, em função da situação em que se encontram – a forma como um dado psicanalista mobiliza seu autor de referência pode ser distinta conforme ele estiver interagindo com colegas de instituição, com membros de uma instituição "vizinha", relatando um caso clínico em um evento ou qualquer outra situação imaginável. Isso significa que a imago autoral canônica professada por um dado psicanalista ou comunidade de psicanalistas tende a não ser consistente e robusta, mas sim a deslizar em virtude das circunstâncias em que é acionada.

Esses processos indicam que as imagos autorais canônicas adscritas a um nome (Winnicott, por exemplo) não são homogêneas e consistentes umas em relação às outras: elas variam de comunidade para comunidade, em virtude do tempo e meio em que são mobilizadas. Por derivação, uma comunidade que mobiliza uma determinada imago autoral como *démarche* de sua inserção na comunidade fará uma série de outros posicionamentos, que serão submetidos à maneira como aquela imago autoral será mobilizada: o Winnicott mobilizado por uma determinada comunidade operará como ponto de organização para uma série de negociações, compromissos e posicionamentos estratégicos (explícitos ou não, conscientes ou não) que essa comunidade sustenta em relação às demais.

Em consequência dessa dinâmica, o campo conceitual e sociológico psicanalítico *visto como um todo* se apresenta deveras complexo e perturbador – posto que os conjuntos de autores e instituições interagem de forma dinâmica, definindo reciprocamente uns aos outros e modalizados de formas inconsistentes (em relação a si próprios e aos demais). Ou seja: a imago que uma determinada comunidade lacaniana constrói de Lacan interagirá com aquelas mobilizadas por outras comunidades lacanianas, e também com imagos de autores como Freud, Klein e Winnicott e instituições organizadas "sob" essas imagos autorais canônicas.

Assim, temos que: 1.1 os deslizamentos das imagos autorais canônicas se dão de modo contínuo, complexo e contraditório, a partir de definições e redefinições das imagos autorais mobilizadas em cada ocasião; e 1.2 os campos referenciais mobilizados por uma determinada instituição promoverão continuidades e descontinuidades em relação a todo o restante do campo psicanalítico, e esses cortes e costuras nem sempre serão assumidos, ou mesmo percebidos, mas terão algum impacto no modo de se conceber a psicanálise e a práxis psicanalítica a cada momento dado.

Apesar disso, sabemos que: 2. a despeito dessa dinâmica envolvendo os deslizamentos das imagos autorais canônicas, o recurso a estes autores se dá mormente com pretensão retórica descritiva e normativa – *como se* o campo conceitual mobilizado e adscrito a uma imago autoral canônica específica promovesse algum tipo de estabilidade ao campo de pensamento habitado por um psicanalista em específico, e *como se* essa estabilidade fosse denotativa de consistência interna neste modo de pensamento e no estilo clínico que caracteriza a práxis deste mesmo psicanalista.

As duas alegações previstas no ponto 2, no parágrafo anterior, como se pode notar, são improcedentes em vista do que expus até aqui. Note-se, por exemplo, o fato de que os campos autorais canônicos *não são* constituídos com pretensão à consistência conceitual interna ou à robustez do sistema em termos de sua aplicabilidade a um ou outro campo; esse estado de coisas, muitas vezes, é explicitamente apresentado por superpsicanalistas, mestres e outras figuras institucionais. Ainda assim, trabalha-se a partir de outro pressuposto (inconsistente com esse) segundo o qual o estudo sistemático do cânone professado pela instituição conferirá recursos suficientes para a formação teórica do analista, o que significa, evidentemente, que há em operação algum elemento omitido no discurso.

Pois bem: esse elemento é justa e simplesmente a dinâmica institucional da autorização *per se* – ou seja: o efeito organizador e suficiente da formação será proferido em virtude da convocação à adscrição, por parte do analista em formação, à forma específica de ler o cânone, o que implica a *suplementação* da obra textual empírica com as totalizações interpretativas avançadas pela instituição (os campos autorais canônicos, em si mesmos). Assim, a adesão ao cânone autoral congrega: 1. a mobilização do texto do autor de referência da instituição, recortado à moda da instituição em termos de privilégios, ênfases e omissões; 2. a interpretação desse *corpus* textual em função de um campo interpretativo específico, o que implica assumir uma disposição relativa de comentadores que são propalados, outros são aceitos e outros são proscritos; 3. a mobilização desse campo autoral de referência, por sua vez, pelos superpsicanalistas, arcontes e eventualmente supervisores e didatas em busca da composição de um modo retórico e de estilo de pensamento que seja peculiar àquela comunidade; 4. por fim, a organização desse modo de posicionamento, sob a disposição de imagos autorais canônicas "deslizadas" para esses fins a partir do modo específico de ler e referir que aquela instituição mobiliza, conferindo aparente consistência e suficiência ao recurso aos cânones.

A suficiência do recurso ao autor canônico professado se deve, portanto, não à consistência interna da obra em si mesma, mas sim ao trabalho institucional implementado sobre o modo de interpelar e acionar o autor canônico (que confere estabilidade à imago autoral oferecida no contexto daquela microcomunidade, e que será um marco referencial relevante para a constituição da imago de psicanálise de membros daquela comunidade). Na medida em que esse trabalho institucional implica compromissos assumidos pelo psicanalista, percebe-se um ângulo possível de *constrangimento* do psicanalista em virtude de sua vinculação a uma dada instituição ou grupo; esse constrangimento não é ruim ou bom por si mesmo,[1] mas pode assumir um efeito perturbador na medida em que muitas vezes não é percebido ou assumido, ou nas ocasiões em que é assumido em função de insegurança pessoal ou sentimento de ameaça, vulnerabilidade ou dependência.

---

[1] Pode-se supor, inclusive, que ele não é evitável, ocorrendo necessariamente algum grau de compromisso com uma determinada forma de compor o campo, e em termos da dinâmica do movimento psicanalítico é imprescindível que essa forma de compor o campo ponha o psicanalista em estado de aceitação e eventualmente pertencimento a alguma microcomunidade instalada no cerne do campo psicanalítico (seja por meio de uma instituição psicanalítica, universitária ou de alguma associação informal ou parainstitucional).

## Modalizações na transmissão, estabelecimento e profissão de vinculação a um marco autoral canônico dado

A partir do estado de coisas exposto no item anterior, pode-se compreender por que é considerado informativo que um psicanalista declare sua adesão a tal ou qual autor canônico e a tal ou qual instituição: supõe-se que, a partir dessas informações, se saberá 1. como esse psicanalista em específico se posiciona no contexto das disposições autorais canônicas; e 2. como se apropria destas para avançar um modo específico de conceber e praticar psicanálise. Acontece que, embora o primeiro ponto de suposição pareça razoável, ele é problemático e insuficiente, e o segundo ponto de suposição é simplesmente equivocado.

O primeiro ponto é problemático porque naturaliza a concepção segundo a qual a instituição mobiliza esses expedientes de deslizamento nas imagos autorais canônicas *para fins de formação de um modo de conceber e praticar a psicanálise e a clínica psicanalítica* – o que não é em absoluto seguro, pois esses procedimentos têm função primordialmente institucional e reguladora, e a dimensão prescritiva em termos praxológicos é limitada.[2] A questão aqui é o efeito diverso e heterogêneo do modo de operacionalização do campo autoral canônico numa dada instituição – havendo aqueles que se apropriam e desempenham exemplarmente essa disposição em vista da forma como ela é apresentada pela instituição; aqueles que se apropriam de forma criativa (i.e., que modalizam o prescrito); aqueles que se constrangem e se restringem a mimetizá-lo de forma acrítica e infértil; e aqueles que são avassalados pela violência do processo e sucumbem sob seu

---

[2] Ou seja, nem sempre o modo de *pensar* a psicanálise é associado a uma articulação sobre como se *pratica* a psicanálise.

peso. Afora a dimensão social e política em questão aqui, nota-se que essa pluralidade de efeitos indica o posicionamento variado do psicanalista em função da disposição relativa professada pela instituição, e por isso a suposição de que a declaração de pertencimento informar algo a esse respeito pode ser considerada problemática. (Essa diversidade, por sinal, ajuda a compreender por que o marco autoral canônico professado em uma dada instituição é diverso e heterogêneo – ele deriva, entre outras coisas, das diversas formas como os membros do grupo se posicionam na dinâmica institucional e em sua pretensão prescritiva.)

Espero ter explicado por que o primeiro ponto é problemático. Acontece que, como disse, ele também é insuficiente – e a insuficiência dessa associação se relaciona intimamente com o equívoco ligado à segunda suposição (de que o fato de o psicanalista estar associado àquela instituição informaria como ele se apropria do cânone). A questão aqui é que os modos de apropriação da disposição autoral canônica (com suas consequências doutrinárias) serão decisivamente transformados pela dimensão singular do processo de autorização do psicanalista. Por isso a profissão de adscrição a esta ou àquela instituição só será suficientemente informativa acerca de como aquele psicanalista pensa ou trabalha se ele *não* se apropriar criativamente do arcabouço posto em movimento por ocasião de sua trajetória de autorização (o que significa dizer que essa informação só será significativa se o processo de autorização tiver corrido mal).

É claro que a circulação do psicanalista em formação por uma instituição em específico oferece vasto e denso material de identificações e formas de incorporação imaginária de conceitos e nexos conceituais – mas isso se refere e se manifesta justamente no campo imaginário, dizendo respeito a sotaques e cacoetes e não sendo informativo em absoluto em relação à maneira como aquele psicanalista desempenha sua práxis psicanalítica (que, para fins de nosso estudo, é tudo que importa).

Vemos, portanto, que a profissão e adscrição a um marco autoral canônico específico sinaliza para efeitos em operação no *modus operandi* daquele psicanalista ao conceber e praticar psicanálise – mas esses efeitos não são suficientes ou exaustivos na medida em que a modalização desse marco autoral canônico imputará diferenças decisivas. É necessário, portanto, avançar na análise dos elementos envolvidos no processo singular de autorização, em busca de uma melhor compreensão acerca dessa dinâmica.

# 4. A trajetória pessoal do analista e seu impacto no trabalho clínico: um mapeamento preliminar

Nos Capítulos 1 e 2, busquei apresentar um panorama sistemático relativo à forma como articulam entre si os fatores pertinentes à instalação de um "espaço de pensamento" mobilizado pelo psicanalista ao exercer sua práxis. Nesse contexto, no entanto, mostrou-se necessário privilegiar os fatores que fossem "internos" à psicanálise, deixando de considerar os "externos" a ela. Entendo aqui por fatores "internos" aqueles explícita, direta e/ou materialmente referidos ao modo como a pessoa se relaciona, material, afetiva e intelectualmente, com a psicanálise – em termos de teorias, conjuntos de pessoas, campos afetivos e conjuntos de experiências relacionados ao contato daquela pessoa em específico com "a psicanálise", que é em princípio um campo abstrato e heterogêneo. Fatores "externos", por sua vez, são determinantes experienciais daquela pessoa que antecedem, extrapolam ou não derivam do contato dele com situações mediadas por seu interesse e inserção no campo da "psicanálise" – isso inclui seu desenvolvimento emocional e intelectual pessoal, sua inserção sociocultural, suas redes sociais e comunitárias etc.

Nesta seção do texto pretendo apresentar a contribuição dos principais fatores "externos" à psicanálise que influenciam o exercício da práxis clínica psicanalítica. Parece-me claro que qualquer aproximação a um tema vasto como esse exige algum tipo de arbitrariedade da parte do autor, e isso deve acontecer também em nosso caso aqui – o que não impede, claro, que façamos o possível para construir uma abordagem instrutiva e o mais abrangente e sistemática possível do campo abordado.

## Fator 1. Determinantes vinculados à vida pessoal e emocional do analista

As disposições de personalidade, temperamento e afeto do analista influenciam a forma como sua práxis se dá – assim como o arcabouço significante e vivencial de sua trajetória de vida. Ambos os conjuntos de elementos estarão articulados, em última instância, ao narcisismo do analista, e é justamente ele que articula os determinantes "internos" à psicanálise na mente do analista (em torno do ponto último de remissão imaginável, aquilo que Freud chamava de "ponto cego").

### Disposição cuidadora[1]

Cumpre notar, preliminarmente, que indivíduos contam com *propensões a compreender e cuidar* distintas e singulares, e isso

---

[1] Ainda que não me apoie específica e explicitamente no texto, recomendo ao leitor interessado no tema a leitura de "Metapsicologia do cuidado", de Luís Claudio Figueiredo (2009), que aborda um tema bastante semelhante ao que será tratado aqui.

antes, independente e para além de sua relação com a psicanálise e a práxis psicanalítica. Isso significa que alguns indivíduos têm grande interesse em compreender e acolher o outro, pensar com ou como ele, como também podem ter grande interesse em ajudá-lo e vê-lo bem etc. Não me parece absolutamente o caso que a aptidão a compreender e cuidar seja diretamente proporcional à inclinação a ser um bom psicanalista: as relações entre essas propensões e a forma como a pessoa se relacionará com a práxis psicanalítica me parecem complexas. Não tenho conhecimento de que tenham sido adequadamente estudadas e, portanto, não me sinto em condições de me posicionar a esse respeito.

Basta, portanto, sinalizar que há fatores idiossincráticos relativos às propensões, inclinações e capacidades mentais que interferem na forma como o espaço de pensamento ocupado pelo psicanalista, ao exercer sua práxis, será integrado (em sua disposição mental total) e posto em operação. Aqui estão contemplados indiscriminadamente elementos de caráter, propensões morais e defensivas e compensatórias e, claro, *capacidades* mentais. A discriminação entre esses diversos elementos seria provavelmente muito fértil e profícua, mas não tenho conhecimento de que tenha sido feita de forma que possa facilitar a menção a ela aqui, e fazê-lo escaparia aos objetivos deste trabalho – por isso me referirei a esse campo como "propensões" peculiares do psicanalista.

As propensões peculiares do psicanalista modularão de forma significativa a forma como os elementos mobilizados no exercício da práxis serão constituídos, consolidados e sustentados. Por isso, se não por outros motivos (e eles existem), seria necessário reconhecer a diversidade de modos de exercer a práxis – algo da ordem daquilo que se reconhece na clínica em geral como "o estilo" desse ou daquele clínico.

Para os fins desse trabalho, consideraremos "estilo" a integração peculiar de todos os elementos mobilizados na consolidação e sustentação da práxis clínica – a forma como, naquele clínico em específico, se concatenam e operam os elementos que compõem e dimensionam a práxis clínica psicanalítica em geral. Assim, o estilo clínico do psicanalista é o "vetor resultante" da formação de todos os elementos componentes da psicanálise: o tripé freudiano (análise pessoal, prática clínica supervisionada e estudo teórico) e o contato significativo com as três dimensões da psicanálise (teoria sobre o humano, prática clínica e modo de pesquisa). Esses elementos serão intrinsecamente articulados, de forma afetivamente significativa para aquele clínico em específico. A forma como essa articulação se dará dependerá dos *itinerários* daquele sujeito no seio da comunidade psicanalítica, ou seja: as características pessoais e técnicas das instituições e comunidades que frequenta e das pessoas com quem faz análise, estudo e supervisão. Como já dito, o autor canônico a que o psicanalista adscreve será relevante, *mas não central*, no contexto desse campo mais amplo de determinantes – não considero, portanto, que haja qualquer destaque ou proeminência do autor canônico para a configuração do estilo clínico em comparação com os demais elementos que influem neste processo.

*Disposição emocional geral*

Ferenczi havia sugerido que um analista seria movido, em última análise, pela disposição cuidadora deflagrada em sua vida emocional em função de vivências primitivas – nesse sentido, estaria em jogo a sugestão de que há um condicionante experiencial infantil que é precondição ao exercício da práxis. Não me parece razoável sustentar, hoje em dia, uma asserção como essa, supondo, mais comedidamente, que disposições emocionais diversas levarão a formas diversas de relacionamento com a psicanálise e com a práxis psicanalítica, e nesta medida promoverão "psicanálises" distintas (a psicanálise dita "ferencziana" parece, sim, pressupor essa disposição emocional da parte do analista, mas nem toda psicanálise merecedora desse nome compartilhará dessa precondição).

Pensemos, exemplarmente, na disposição "salvacionista" do analista – o ímpeto do analista em querer "ajudar" o paciente, "resolver" alguma questão que este lhe reporta ou equivalentes; pois bem: não importa o quanto se contraindique este tipo de posicionamento, parece incontornável que ele vá se fazer notar entre alguns dos profissionais da área, e isso não só por formação, informação ou treinamento insuficiente, mas sim pelo fato de que a relação de alguns analistas com a psicanálise está intimamente vinculada a essa forma de encontro humano (em que um se pretende "salvador" ou "apoio" do outro), e estarão nesta medida fortemente inclinados a sustentar uma psicanálise vinculada a essa disposição, independentemente de quanto se advogue em contrário.

Sem nos aprofundar na questão específica, o ponto aqui é que há uma vinculação íntima entre a psicanálise exercida por um analista em sua práxis e uma disposição deste analista em direção à "análise" enquanto bem de cultura, profissão e modo de encontro humano que se lastreiam em determinantes emocionais (e/ou temperamentais e/ou de caráter) que antecedem, extrapolam e transcendem o campo da relação do analista com a psicanálise em si mesma. Espera-se, claro, que um analista com uma disposição como essa encontre apoio "interno" à psicanálise que o ajude a desvencilhar-se dessa inclinação tão pouco favorável ao bom encaminhamento do processo analítico – mas isso depende de vicissitudes que podem ou não se confirmar, posto que não temos ainda um entendimento claro o suficiente acerca de como essas trajetórias e composições efetivamente se dão (se o soubéssemos, estaríamos mais bem preparados para evitar essas situações e apoiar analistas em sua busca por um estilo menos custoso e mais "aberto").

Note-se, ainda, que em muitas ocasiões esse tipo de disposição "salvacionista" se concatena em trabalhos analíticos de forma suportável para o analista e produtiva para os termos do que a dupla faz naquele momento – de forma que, em resumo, em ocasiões desse tipo a tal disposição "salvacionista" não atrapalha e, potencialmente, até ajuda.

Outro exemplo que merece menção nesse mesmo campo é aquele da suposta "inviabilidade" de algumas disposições estruturais de personalidade atuarem no campo da psicanálise – máximas como "psicóticos não podem atender", "pessoas que sofrem de transtornos *borderline* não devem trabalhar com clínica" ou variantes nesse mesmo sentido. Pois bem, ainda que haja consequências esperadas, em termos de teoria da clínica, para a influência de tal ou qual disposição emocional pessoal do analista em sua práxis, esse tipo de influência poderia ser encontrado em qualquer hipótese diagnóstica aventada. E em termos de diagnósticos de estruturas de personalidade, não faria sentido pensar que essas pessoas escapam à "normalidade", na medida em que "normal" não é uma figura existente no campo das teorias psicanalíticas acerca das estruturas de personalidade.

Ou seja: é possível que uma pessoa seja diagnosticada como *borderline*, sem que isso a torne emocionalmente incapaz de exercer trabalho clínico psicanalítico; inversamente, é possível que alguém não tenha recebido diagnósticos como esses e, ainda assim, não tenha capacidade emocional para exercer trabalho clínico psicanalítico. A questão, nas duas pontas, não diz respeito ao fato fortuito de receber ou não o diagnóstico, mas ao fato de o diagnóstico, por si, não ser associado a um impedimento ou autorização intrínsecas no que tange àquilo que é requerido para o exercício da práxis clínica psicanalítica.

O que deriva disso é a percepção de que esse tipo de impedimento apriorístico está associado a: 1. preconceito; ou 2. à suposição de que tal ou qual figura diagnóstica seria preditiva de indisponibilidade afetiva ou perturbação perceptiva, de pensamento ou mimo-gesto--postural – coisa que não é tida como evidente em nenhuma figura diagnóstica (assim como não há, inversamente, figura diagnóstica "a salvo" de perturbações, oclusões e/ou indisposições).

Não vou me ocupar da primeira hipótese aqui. Pensemos, então, na segunda – o que ela implica? Evitemos, inicialmente, o preconceito: o diagnóstico de psicose (ou qualquer outro) *não prediz* que o sujeito não conseguirá pensar como um analista, ou ocupar um espaço de pensamento que lhe permita trabalhar psicanaliticamente. Assim, é perfeitamente possível que alguém com diagnóstico de psicose ou transtorno de personalidade *borderline* possa ser, sim, um bom analista; se há algum tipo de "impedimento", então ele não é de incompatibilidade cognitiva ou de capacidade de pensamento ou disposição mental.

Sigamos, assim, tentando compreender por que alguém seria considerado "inadequado" ou "inapto" a trabalhar com psicanálise em função de um diagnóstico qualquer. Poderíamos supor, de forma mais comedida, que "na verdade" pessoas que estejam intelectual, emocional ou atencionalmente perturbadas teriam sua práxis clínica prejudicada e deveriam, portanto, não atender. A questão com esse "ajuste" é que, com isso, evidentemente deixamos de pensar em "quem pode" e "quem não pode" atender e passamos a pensar nas condições necessárias para uma atuação adequada. Com isso, percebemos que não se trata de "permitir" ou "proibir" pessoas alegadamente operando de acordo com tal ou qual figura diagnóstica de exercer a práxis.

Parece-me, assim, que não haveria impedimento *a priori* de qualquer figura diagnóstica em relação à práxis, mas sim a associação de algumas figuras diagnósticas à instabilidade ou ao comprometimento da saúde mental; a suposição seria, então, que psicóticos, por exemplo, não podem atender por se supor que eles (todo e qualquer psicótico, em qualquer momento de sua vida) não têm saúde mental adequada para tanto – generalização que não me parece procedente.

Chegamos, então, à formulação segundo a qual determinantes emocionais pessoais influem sobre a práxis, mas o modo dessa interação não é passível de esquematização com os conhecimentos de que dispomos neste momento. Pode-se supor que algumas pessoas que tenham passado por momentos de grande perturbação emocional estarão mais propensas a viver no futuro momentos de perturbação emocional/intelectual/cognitiva, e se/quando isso acontecer, isso afetará sua práxis; mas o risco é grande, aqui, de associar esse tipo de associação lógica (que me parece, em princípio, aceitável) a uma postura policialesca e, no limite, preconceituosa em relação a pessoas que precisaram de apoio profissional em algum momento de suas vidas.

Chego, com isso, à proposição de que não dispomos de conhecimento acerca de condições emocionais, cognitivas e/ou intelectuais que sejam pré-requisito para o exercício da psicanálise e que sejam mensuráveis ou qualificáveis em termos confiáveis.

Apesar disso, sabemos que determinantes emocionais pessoais são mobilizados e "trabalhados" pela relação do analista com a psicanálise, por meio dos três componentes do "tripé freudiano" ("análise pessoal", "prática clínica supervisionada" e "estudo teórico") – meu ponto aqui é que seria equivocado supor que há algum tipo de *controle* ou *modelagem* possível sobre esses determinantes por causa disso. Quero dizer que um analista, um supervisor ou um professor dificilmente conseguirão "moldar" de forma deliberada e instrumental a disposição emocional, temperamental e/ou de caráter de um analista que o frequenta, e dificilmente conseguirão avaliar *a priori* e de forma justa e confiável se alguém tem condições emocionais para ser analista.

Assim, ainda que os analistas mais sensíveis dentre nós consigam influenciar favoravelmente a trajetória de analistas que os frequentam por meio de encontros ocasionados pela habitação do "tripé freudiano" no que diz respeito a suas disposições emocionais pessoais, esse tipo de competência e acontecimento é extraordinário e se deve à sensibilidade do analista em questão, posto que o campo está destituído de reflexão sistemática e instrumentalizável nesse sentido. Historicamente, por sinal, as tentativas mais arrojadas de conferir uma dimensão interventiva de "modelagem" à vida emocional do analista em formação devem ser contadas entre as mais intrusivas, violentas e autoritárias da história das instituições psicanalíticas, sinalizando para o fato de que as estratégias mobilizadas em termos de "análise didática", "análise de controle" e "avaliação de competência psicoemocional" de supervisionandos e alunos de seminário passaram muito longe de qualquer sucesso nesse sentido (até onde tenho notícia).

Parece-me possível, no entanto, que se dirija atenção e pesquisa às formas como os determinantes vinculados à vida emocional pessoal do analista interagem com a psicanálise, e que isso contribua positivamente para uma compreensão acerca desses processos e de formas por meio das quais a psicanálise possa estar mais bem posicionada nesses termos no horizonte da práxis de seus praticantes – mas não tenho conhecimento de trabalhos que estejam atualmente caminhando nesse sentido, e só posso torcer para que esforços futuros não tenham pretensão moralizante ou de controle, mas sim de compreensão crítica para ganho de liberdade, precisão, pertinência e maleabilidade.

*Vida pessoal*

Todo analista conta evidentemente com uma vida pessoal, que se faz notar em sua vida mental pelos efeitos que comporta em sua disposição emocional e de caráter, pelas condições materiais que estruturam sua vida e pela memória (arcabouço mnemônico) que guarda consigo. Circunscrevo "vida pessoal", aqui, no arcabouço de memórias que acompanham um analista singular (as condições materiais de vida atual de um analista serão consideradas adiante, como um item do "Fator 2", e as condições emocionais e de caráter já foram mencionadas no subitem anterior).

A memória do analista é certamente relevante no contexto da práxis psicanalítica. Na maioria das ocasiões clínicas ela não ocupará lugar explícito na concatenação do encontro e de seu desenrolar, mas podemos tomar como garantido que a memória do analista influi nos modos de constituição, consolidação e sustentação da psicanálise em geral, de forma que, mesmo indiretamente, ela interpela e modula a práxis. Os cacoetes que se fazem notar na presença de um clínico num dado momento, por exemplo, provavelmente se referirão a experiências interpessoais vinculadas à sua trajetória de formação enquanto analista (encontros com analistas, supervisores, professores etc.), mas essas experiências, por sua vez, estabelecerão vínculo significativo com outros campos emocionalmente relevantes da vida do analista (associações com sua avó, seu marido, seu melhor amigo, um personagem de seu filme favorito etc.).

Mais concretamente, o discurso e a mimo-gesto-posturalidade do paciente afetarão o analista (e sua escuta) a partir de uma disposição que depende de seus modos de habitação da linguagem – que são, por sua vez, modulados por seu arcabouço mnemônico.

Compreendo, nesse sentido, que a relação do analista com sotaques, trejeitos, expressões etc. dependem da forma como o analista os depreende – um analista pode se impactar com a "disposição agressiva" de um paciente, por exemplo, em função do modo como a presença daquele o impacta, sem supor que essa mesma disposição fosse depreendida como "agressiva" por outros profissionais (que eventualmente a considerariam "pragmática", "firme", "como as *nonnas* de antigamente", "bem no estilo dos gaúchos" ou coisa que o valha). Imaginamos, evidentemente, que a sustentação de uma escuta sensível oferecerá recursos para que essas disposições divergentes não signifiquem um relativismo absoluto quanto ao posicionamento da escuta e sustentação da práxis (as impressões relativas sendo "calibradas" em função do exercício adequado da atenção flutuante), mas a impactação diferencial de acontecimentos clínicos parece dever algo aos arcabouços mnemônicos distintos e singulares dos analistas. Ou seja, a singularidade das experiências clínicas parece dever algo ao fato de analistas diferentes contarem com histórias de vida diferentes – o que não redunda imediatamente num "cada um é cada um", mas sim no fato de que o acontecimento clínico contará com o impacto do arcabouço mnemônico do analista na composição de suas características singulares (mesmo que os referentes e exemplares desse arcabouço não sejam imediatamente discerníveis).

Existem, ainda, as ocasiões em que o arcabouço mnemônico do analista se faz notar de maneira explícita – seja na vida mental consciente do analista, seja na própria troca interpessoal. Penso, por exemplo, nos devaneios em que o analista se pega pensando em algo com conotação pessoal (trivial, como um resíduo diurno, ou mais longínquo, como uma lembrança ou devaneio); penso também nas ocasiões em que a troca interpessoal se vê afetada por um elemento da vida pessoal do analista (como quando um paciente refere um elemento cultural compartilhado – ou não – pelo analista, como um filme, uma cidade, uma tribo urbana ou uma receita culinária; ou quando o relato do paciente impacta o analista em função de algo claramente referido a sua vida emocional pessoal – um time ou política que detesta, um movimento social a que adere ou que repudia, um filme que lhe pareceu repugnante, um cacoete do paciente que lhe desperta antipatia etc.).

A interveniência da vida pessoal do analista na práxis clínica não é, a princípio, positiva ou negativa. Há esforços de sistematização de modos por meio dos quais ela pode contribuir para a práxis – como as noções de *rêverie*, *enactment* e outras. Ainda assim, parece-me importante esclarecer que a interveniência da vida pessoal do analista não diz respeito unicamente aos elementos tecnicamente abordados em termos de "manejo da contratransferência", na medida em que a vida pessoal do analista me parece um dos elementos fundantes da cena analítica. Nesse nível, no entanto, parece haver grande propensão à desconsideração da vida pessoal do analista, em função da suposição (que considero equivocada) de que uma análise pessoal adequada permitiria a constituição e sustentação de uma presença clínica destituída de pessoalidade.

Ainda que eu tenha por evidente que a técnica desprivilegia grandemente a assunção de uma postura pessoalista por parte do analista (sendo claro que o analista tendencialmente não compartilha de forma voluntária elementos pessoais no decurso da análise), o reconhecimento de que a vida pessoal do analista é um dos elementos que constitui a singularidade da cena contribui para compreender como se dá, afinal de contas, a práxis. Assim, para além de qualquer pretensão judicativa ou normativa, pretendi descrever a presença da vida pessoal do analista, que, do ponto de vista do arcabouço mnemônico, incide tanto do ponto de vista consciente quanto inconsciente, tanto do ponto de vista técnico quanto do ponto de vista estruturante, tanto num sentido incontornável e até útil quanto num sentido potencialmente indesejado e equivocado.

## Fator 2. Inscrição sociocultural: bagagem cultural, socialização e formação cidadã

Esse é um fator bastante abrangente – mas cujos componentes se interconectam, de forma que a separação arbitrária destes prejudicaria a análise e apresentação; dizem respeito, basicamente, à inserção dos agentes envolvidos na comunidade, em termos sociais, culturais e de educação (formal, informal e cívica).

Os primeiros anos de práxis psicanalítica, no início do século XX, estabeleciam um campo tácito de pertencimento que seria compartilhado entre analista e paciente no que diz respeito a esses termos. Seriam membros das classes médias (e eventualmente alta) da população, contando com educação formal básica robusta (e provavelmente alguma formação superior, em geral nas profissões liberais), a educação seria de tradição europeia, compartilhariam interesse no pensamento abstrato e capacidade para exercê-lo, e disporiam de recursos financeiros que permitissem relativo desprendimento em relação às necessidades imediatas de autopreservação. Além disso, pode-se especular que a imensa maioria dos agentes envolvidos tivesse simpatia por um posicionamento ideológico compatível com o (grande espectro do) socialismo europeu não revolucionário.

Essa circunscrição social se descaracterizou relativamente cedo, e ao longo do tempo a inscrição da psicanálise na trama social se transformou significativamente, tornando digna de nota e consideração a inscrição dos agentes envolvidos em termos culturais, sociais, políticos e cívicos (dado que o tácito não poderia mais ser pressuposto). Ou seja, esse campo tácito de pertencimento deixou de ser verdadeiro, e com isso a inscrição cultural e social passou a ser um elemento potencialmente significante a emergir no contexto da práxis.

Ainda assim, para a imensa maioria dos psicanalistas, a práxis clínica não prevê o engajamento explícito e deliberado dos agentes (analista e paciente) na discussão de problemáticas diretamente vinculadas à cultura, política e costumes – ou seja, essa imensa maioria supõe que analista e paciente não devem, e, em geral, não vão discutir conjuntura política, costumes (como veganismo, moda, gosto musical etc.) e outros fatores tidos como "próprios ao regime da consciência" (a menos que eles estejam vinculados e sejam representativos de problemáticas "para além da consciência").

Não tratarei de concepções de psicanálise em que se considera pertinente iniciar esse tipo de discussão. Ainda assim, não me parece razoável pressupor que essas questões possam ou devam ser consideradas irrelevantes para o trabalho clínico. Em outras palavras, as características das composições entre as disposições dos agentes envolvidos na práxis nesses campos provavelmente terão algum impacto sobre o trabalho desenvolvido, mesmo que esse impacto não seja decisivo em termos de direção do tratamento, e nos casos em que esses fatores compareçam como significantes, a desqualificação *a priori* é um posicionamento, em meu entendimento, problemático – isso vale particularmente para a recusa em acolher temáticas relacionadas a raça, classe, gênero etc. na composição da trama discursiva em causa no contexto da práxis.

O ponto aqui não é, evidentemente, a perspectiva de analista e paciente discutirem ou problematizarem esses assuntos *per se*, mas sim o acolhimento (isto é, a não desqualificação *a priori*) desses elementos como componentes da trama narrativa, discursiva, significante etc. em causa na cena clínica.

Dessa forma, pode-se dizer que, mesmo deixando de lado a eventual problematização explícita de temas sociais, culturais e políticos, deve-se supor que essas dimensões interferem no campo clínico. O estatuto dessa interferência dependerá do componente específico considerado (bagagem cultural primária, bagagem cultural formal, posicionamento político-ideológico etc.) e do modo pelo qual a composição se materializa na dupla em apreço (como interagem as "posições" do analista e da dupla no caso em questão).

*Bagagem cultural primária e bagagem cultural formal: definição*

Por bagagem cultural primária compreendo os referentes culturais implícitos e explícitos mobilizados pela comunidade de pertencimento em meio à qual analista e/ou paciente (enquanto pessoa e cidadão) cresceu e se desenvolveu. Por bagagem cultural formal compreendo os fatores culturais veiculados em torno e por intermédio dos canais de educação formal: tudo que envolve as diretrizes curriculares básicas, complementares e suplementares, além dos bens de cultura vinculados aos cânones clássicos, alternativos, populares e/ou críticos nos campos das ciências e saberes, da literatura e da cultura (popular e erudita). A bagagem cultural primária e a formal se interpenetram em grande medida, de forma que a análise separada seria de pouco proveito; acredito que seriam possíveis estudos especializados, mas para os fins deste estudo a análise tomará os dois campos em seu conjunto.

Um exemplo básico (e caricatural) de retratação da inscrição cultural derivada de um modo específico de acesso à bagagem cultural primária e formal seria imaginar um analista nascido e criado em uma família de classe alta, recebendo grande apoio e investimento no acesso a recursos culturais e educacionais "de elite" (educação em línguas europeias, privilégio absoluto da comunicação usando o português formal erudito, "etiqueta" clássica, formação cultural e literária igualmente clássica etc.). Um exemplo contrastante (igualmente caricatural) nesses mesmos termos seria imaginar um analista nascido e criado em uma família "das classes populares", tendo recebido pouco apoio para educação, finalizando com custo uma educação formal pouco sofisticada, estando, por outro lado, fortemente vinculado à cultura popular, afrorreferida e periférica, apropriado da comunicação em "pretuguês" de forma a franquear acesso a temas e discussões complexas e delicadas a partir desse modo linguageiro. Em meio aos exemplos caricaturais, deve-se poder vislumbrar incontáveis matizes, nuances, detalhes e gradações em termos da forma como o agente em específico foi inserido na cultura primária e formal a que deve pertencimento. Deve-se lembrar que as bagagens culturais (formais e primárias) do analista e do paciente são ambas significativas e relevantes, e que as composições promoverão efeitos potenciais diversos a depender da maneira como estão estabelecidos, assumidos e compostos.

Até recentemente, a práxis psicanalítica era quase imediata e exclusivamente vinculada ao campo dito "de elite": a maior parte dos analistas e pacientes era próxima ao primeiro dos exemplos caricaturais que mencionei no parágrafo anterior. No entanto, tem havido mudança tendencial progressiva em relação a esse estado de coisas, com a psicanálise consolidando formas de práxis que promovem interações diversas dessa, e havendo igualmente interesse crescente em reconhecer e validar essas formas de práxis menos elitistas. Como já dito, na situação "de elite" não se via necessidade de questionamento acerca desse campo cultural compartilhado, que era então assumido, justamente, como "acordo tácito".[2]

---

[2] Em "Sobre a psicoterapia", texto precoce da tradição dos textos freudianos sobre a técnica psicanalítica, Freud (1905/1996c) chega a mencionar que a psicanálise não seria um recurso adequado para pessoas das classes populares, que não teriam tempo, dinheiro, interesse, capacidade de abstração ou educação formal para se beneficiar do método.

## Bagagem cultural: implementação

Aqui um posicionamento deve ser explicitado: há concepções restritivas de psicanálise que elidem em absoluto essa questão, negando-lhe validade por estabelecerem uma definição de psicanálise que torna impraticáveis composições dos agentes envolvidos que ameacem o "campo cultural tácito" em voga até fins dos anos de 1910 – pessoas que, conscientemente ou não, consideram como psicanálise algo que só é possível para quem conta com bagagem cultural formal "de elite" (como na primeira caricatura que ofereci no item anterior). Esse tipo de posicionamento deve muito ao "campo tácito" em meio ao qual a psicanálise se desenvolveu no início do século XX; trata-se, em alguma medida, de naturalizar esse contexto como algo intrínseco à psicanálise. Considero, como deve estar claro, que esse não é o caso: considero que seja possível praticar psicanálise sem recorrer à norma culta do português, sem recorrer ao cânone literário-filosófico clássico, sem contar com um consultório particular disposto à moda liberal-burguesa etc. Dito de outro modo: considero que a práxis psicanalítica comporta plasticidade formal, material e prática suficiente para acomodar composições diversas nos termos em consideração aqui. Nessa medida, considero que a questão dos modos de implementação da práxis psicanalítica face à bagagem cultural que acolhe analista e paciente é uma questão relevante e significativa.

Situo, assim, o estatuto da questão conforme a compreendo: entendo que a bagagem cultural dos agentes envolvidos numa práxis psicanalítica seja um elemento de importância secundária, estando necessariamente vinculada a outros fatores que a tornam relevante. Compreendo que os fatores de primeira ordem, em função dos quais a bagagem cultural dos agentes pode ser um fator, estão ligados à disposição de escuta do analista do ponto de vista afetivo e à disposição e manejo da transferência pela dupla (sob responsabilidade, sobretudo, do analista).

Retomemos, nesse sentido e a título de esclarecimento, a bagagem compartilhada entre os agentes na psicanálise dos anos 1910, já mencionada antes: o fato de ela ser compartilhada e pressuposta não significava *a priori* empobrecimento ou constrangimento do trabalho clínico (ainda que pudesse fazê-lo, em casos específicos). Há, no entanto, alguns parâmetros a partir dos quais podemos vislumbrar empobrecimentos e constrangimentos vinculados a essa bagagem tácita:

1. a exclusão *a priori* de pessoas que não compartilhassem da bagagem para tratamento psicanalítico ou para serem psicanalistas (como o próprio Freud faz no texto sobre a técnica mencionado anteriormente na nota de rodapé 2) – esse é um empobrecimento da *cena* psicanalítica tomada como um todo, mas não um empobrecimento de alguma práxis clínica em específico (já que a questão é justamente a não ocorrência, por princípio, de montagens que divirjam da cena básica);

2. a exclusão *de facto* de potenciais pacientes ou de candidatos a analista por não se enquadrarem nos parâmetros da bagagem cultural compartilhada e tida como tácita – aqui a pessoa busca análise, ou se apresenta como candidato a analista, e se vê rejeitada pelo fato de não contar com recursos adequados ou suficientes para tanto (e isso, justamente, pelo fato de não ter a bagagem adequada) – aqui existe violência em curso, já que se trata de uma exclusão;

3. a indisposição (consciente ou não) de um psicanalista diante de alguém que ele toma como incapaz de atender aos pré-requisitos para a psicanálise (justamente esses ligados à bagagem cultural "básica"), que não se manifesta como expulsão ou recusa, mas efetivamente como uma indisponibilidade, ou frieza ("tratar mal" ou atender como um "paciente de segunda classe", conscientemente ou não) – aqui encontramos também um potencial traumático e uma violência bastante evidentes;

4. a indisposição de um psicanalista manifestada efetivamente como recusa, a partir de um gesto intempestivo que interrompe o trabalho clínico;[3]

5. o paciente hostiliza o analista em função da incompatibilidade percebida em termos de suas bagagens culturais, e decide interromper o tratamento em função da bagagem que atribui ao analista, que considera indesejável/inaceitável;

6. paciente e analista celebram o fato de compartilharem uma bagagem cultural sintonizada, e esse compartilhamento estabelece uma dinâmica de retroalimentação narcísica entre os agentes que limita (e, no limite, impede) o progresso do trabalho clínico, que fica substituído no contexto do encontro pela celebração continuada dessa bagagem compartilhada.

Os parâmetros não se pretendem exaustivos, mas servem para sinalizar a diversidade de formas por meio das quais a bagagem cultural pode impactar o trabalho de uma dupla.

Avanço, a partir do exposto, a uma proposição com pretensão abrangente acerca da dinâmica do papel da bagagem cultural no contexto da práxis: *parece-me imprescindível que a disposição emocional do analista permita* compreender *a disposição emocional que o paciente estabelece com a bagagem que traz consigo, bem como a forma como o paciente se relaciona com a bagagem que atribui ao analista; nesse mesmo sentido, é imprescindível que sua bagagem*

---

[3] É importante não confundir essa situação com uma outra em que o analista age numa situação clínica de forma intempestiva em função de um posicionamento do paciente que lhe parece inaceitável, *e essa atuação do analista deflagra um processo clínico significativo* vinculado aos impactos dessa atuação em termos da transferência e da dinâmica do caso – a situação aqui se enquadra no campo descrito como *enactment* e está inserida no contexto do trabalho clínico, de forma que o papel desempenhado pela bagagem cultural é apenas circunstancial (como material associativo).

*cultural permita ao analista* modular *sua disposição emocional em virtude de como o trabalho da dupla interpela o campo cultural.*

Se isso não acontece, estamos diante do risco de um trabalho psicanalítico descaracterizado por agendas incompatíveis com o ofício psicanalítico. Isso não significa que o analista deva ter bagagem cultural "superior" (em abrangência, qualidade ou o que quer que isso signifique) à de seu paciente, mas sim que ele deve ter condições de acolher a disposição cultural do paciente e trabalhar a partir do que ela estabelece em termos de horizonte linguageiro, cultural, imaginativo e transferencial.

Disso derivo, a título de generalização provisória, que a forma como a bagagem cultural dos agentes se compõe modula o campo analítico do ponto de vista da disposição de pontos de tensão, pontos de trabalho e pontos de invisibilização favorecidos – sem que se diga por isso que o modo da composição das bagagens culturais dos agentes seja por si mesmo um elemento problemático ou eficiente no contexto da práxis: o que podemos supor é que a disposição das bagagens culturais será um modulador, um elemento em função do qual campos discursivos e afetivos ganham ou perdem proeminência e visibilidade.[4]

---

[4] Vislumbro duas articulações desafiadoras dessa concepção no que diz respeito à agenda "progressista" encampada pela subcomunidade do movimento psicanalítico contemporâneo em meio ao qual circulo: 1. é de se interrogar se seria desejável que o analista não tivesse disponibilidade afetiva para lidar com pacientes que mobilizem determinadas bagagens culturais (como pessoas francamente racistas, abusadores assumidos, fascistas etc.) – se essa posição for assumida, resta saber se isso se deve a uma indisponibilidade do analista ou a uma concepção de psicanálise segundo a qual o campo não é associável a esse tipo de bagagem (e, sendo a segunda hipótese adotada, por que seria esse o caso); 2. pela concepção apresentada, pode-se compreender que o comprometimento militante de um analista pode restringir sua disponibilidade para receber pessoas em análise em função do fechamento de seu campo de escuta para associações livres, bagagens culturais e disposições afetivas que lhe parecerão inaceitáveis.

## Fator 3. Determinantes vinculados à formação técnica[5] do analista

O que considero formação técnica diz respeito ao curso superior de referência ou à área técnica à qual o analista em questão esteja majoritariamente referido.

Muitos analistas considerarão que esse fator não é relevante – que um analista é um analista, pouco importando se ele cursou graduação em Psicologia, Filosofia, Engenharia ou Cinema. Apesar de conhecer os argumentos (freudianos e lacanianos) que sustentam esse tipo de posição, acredito que não seja esse o caso – e por isso vou tentar apresentar, ainda que esquematicamente, como se compõe esse "fator" externo à psicanálise do ponto de vista de sua influência no pensamento do psicanalista.

Em princípio, compactuo com a postura que defende a análise dita "leiga", ou seja, não me parece que haja uma formação técnica preliminar que possa ser considerada condição necessária para que alguém que tenha interesse seja autorizado a iniciar sua trajetória enquanto analista em formação. Assim, parece-me que a psicanálise não deve ser atribuição exclusiva de médicos, ou de médicos e psicólogos, ou de qualquer composição específica.

Apesar disso, considero que há um campo de conhecimentos não veiculado usualmente como parte da formação teórica do psicanalista, e que, no entanto, cumpre papel relevante na consolidação e sustentação do espaço mental de pensamento do psicanalista – conhecimentos basicamente relacionados aos fundamentos do raciocínio clínico. (Em tempo: o que compreendo como "fundamentos do

---

[5] Poderíamos considerar a formação técnica considerada aqui como a *bagagem cultural formal secundária* do analista. No entanto, para evitar termos excessivamente canhestros, adoto a expressão mais vulgar "formação técnica".

raciocínio clínico" diz respeito, basicamente, às problemáticas formais e básicas vinculadas aos seguintes campos: semiologia, diagnóstica, terapêutica, prognóstica, propedêutica e deontologia.)

Parece-me possível (interesses pecuniários e corporativos à parte) que a associação preferencial da práxis psicanalítica com a psicologia e a medicina talvez tenha sido consequência do fato de essas profissões pressuporem em sua formação básica uma exposição considerável à cena clínica moderna tradicional (em modelo ambulatorial), que é aquela recuperada por Freud na composição do *setting* clássico e que será pressuposta pela comunidade psicanalítica na comunicação dos pressupostos teóricos em causa na práxis; assim, supõe-se que um psicólogo ou médico pôde ter contato com os fundamentos do raciocínio clínico em sala de aula, em estágio formativo e/ou em sua experiência profissional.

Se for por isso que a formação em psicanálise é, muitas vezes, restrita a médicos e psicólogos, no entanto, trata-se de um equívoco. Afinal, 1. não é seguro, em absoluto, pressupor que psicólogos e médicos tiveram formação básica acerca dos fundamentos do raciocínio clínico; 2. seria perfeitamente possível que instituições, grupos e cursos de formação em psicanálise se incumbissem de oferecer formação básica em "fundamentos do raciocínio clínico" a aspirantes, tornando obsoleta a restrição de formação. Nesse sentido, consideraria oportuno que instituições e comunidades que se propõem a oferecer formação teórica em psicanálise ou formação psicanalítica fariam bem em oferecer módulos (ou seminários, ou cursos – chamem-no como quiserem) de introdução aos fundamentos do raciocínio clínico.

Chego, assim, a um primeiro item sugestivo acerca desse fator: *parece-me necessário que o analista tenha contato com os fundamentos do raciocínio clínico, independentemente de como tenha chegado a ter essa possibilidade.*

Encaminho, a partir daqui, um segundo ponto de pauta ligado à questão da formação técnica (extrínseca à psicanálise) dos psicanalistas, que considero diretamente ligado ao anterior: a inserção da psicanálise no espectro amplo dos cuidadores profissionais (ou seja, no campo das "artes e ofícios de curar"). Aqui encontramos um ponto sensível no cerne da comunidade psicanalítica, já que muitos autores, grupos e instituições dirão que a psicanálise não está inscrita no campo da saúde, não é uma "arte curativa" nem é uma forma de cuidado profissional.

Pois bem, digamo-lo de partida: discordo. Afinal, parece-me claro que a imensa maioria das pessoas que procura um psicanalista considera-o alguém capaz de contribuir para sua saúde – e o fato de esta pessoa eventualmente pensar em "saúde" em um sentido não normativo ou não normalizante não significa ignorar o tema (afinal de contas, desde 1948, a própria Organização Mundial de Saúde recomenda que não pensemos em saúde em um sentido normalizante ou normativo). Entendo que isso ofenda o pudor de psicanalistas que consideram a psicanálise intrinsecamente diversa e irreconciliável com tudo o mais que se pratica no mundo, mas honestamente não vejo motivos (que não sejam a autoimagem do analista) para sustentar que a psicanálise não se inscreve, enquanto práxis, no campo das "artes e ofícios do cuidado" – pode ser que seja um cuidado estranho, peculiar, esotérico, subversivo, não normativo etc., mas é um cuidado.

Aqui reencontramos, inclusive, a questão da formação básica em termos dos "fundamentos do raciocínio clínico", já que o mais comum é que a clínica psicanalítica confira significativas mudanças aos parâmetros clássicos de semiologia, diagnóstica etc., mas isso não significa que o conhecimento e a compreensão acerca desses parâmetros clássicos não cumpra um papel – penso, pelo contrário, que é importante conhecê-los, justamente para ressignificá-los e reposicioná-los de forma responsável e razoável. Nesse sentido, a ausência de formação básica nesse campo acaba expondo o psicanalista a diversos vícios de pensamento, vulgarizações, estereotipias, preconceitos e limitações.

Se descartamos a proposta dessa restrição da formação básica a psicólogos e médicos, no entanto, encontramos ainda outro problema: será que a formação prévia é indiferente para a formação do futuro psicanalista *enquanto psicanalista*? Creio que não – mas entendo que a influência do curso superior para a constituição, consolidação e sustentação do espaço mental do psicanalista interaja com outros fatores, e acredito que a dinâmica e lógica dessa interação não tenha sido adequadamente estudada; assim, não temos exatamente como saber em que termos isso se dá.

Exemplo: alguns psicanalistas, como Alfredo Naffah Neto (2004; Naffah Neto & Gerber, 2007), sem serem músicos, sinalizaram para a relação entre música e escuta psicanalítica; outros, como Luís Claudio Figueiredo (2014b), sem serem poetas, sinalizaram para a relação entre poesia e escuta psicanalítica; outros ainda, como Adam Phillips (Popova, 2014), sinalizaram para a relação entre criação literária e escuta psicanalítica. Pois bem, não é em absoluto necessário que a pessoa tenha curso superior num determinado campo cultural para que seus conteúdos se façam notar em sua escuta (e no modo como compreende a escuta);[6] apesar disso, parece-me evidente que o psicanalista que vê articulações entre um determinado campo cultural e a escuta psicanalítica apoia essa percepção em sua própria experiência (quem entende que a poesia tem relação com a escuta psicanalítica exerce um

---

[6] Há que se notar, inclusive, a contribuição do paciente para a composição do campo cultural de referência mobilizado pela discursividade e associatividade em operação num dado contexto clínico – pensemos, por exemplo, na evocação de imaginário próprio ao cinema no contexto de um paciente que trabalha com cinema, e derivados nesse mesmo sentido.

modo de escuta psicanalítica para o qual a poesia parece oferecer paralelos, aproximações e homologias, por exemplo, e essa pessoa provavelmente tem alguma familiaridade com o campo da poesia – mesmo que não seja poeta ou formado em Letras).

Com isso, podemos perceber que a formação técnica de alguém pode ou não ser influente na composição da escuta – a depender da forma como essa formação compõe o campo afetivo a ser habitado pelo psicanalista ao exercer sua práxis. E isso, a bem da verdade, pode variar enormemente: apesar de o termo profissão evocar algum tipo de compromisso afetivo (a princípio, quem *professa* algo o faz com convicção), na prática acontece muitas vezes de a formação superior de alguém se tornar relativamente secundária em sua vida afetiva face a outros elementos culturais e biográficos. Se tomarmos como exemplo dois autores canônicos bastante destacados no Brasil, Lacan e Winnicott, percebemos (até onde podemos saber) que a formação médica de Lacan exerceu menos influência em seu trabalho psicanalítico do que seu interesse por filosofia, ao passo que para Winnicott a formação médica e pediátrica parece ter tido um relevo constante e decisivo em seu modo de pensar e fazer psicanálise. De forma semelhante, podemos pensar em psicólogos para quem a poesia é mais relevante do que a própria psicologia como anteparo e "fertilizante" para pensar a escuta psicanalítica, assim como podemos pensar em alguém formado na universidade em Música Popular para quem a escuta psicanalítica resta fortemente amparada e dependente de parâmetros formais oriundos da tradição clínica clássica e da filosofia estruturalista francesa.

Em resumo, podemos retomar e qualificar o ponto estabelecido anteriormente: não seria preciso exigir alguma formação específica em curso superior, bastaria pensar com rigor quais seriam os requisitos formais em que alguém poderia se amparar para constituir seu próprio percurso de autorização em psicanálise.

Rigorosamente falando, por sinal, seria perfeitamente plausível imaginar que alguém possa se tornar psicanalista sem que tenha nenhum curso superior completo. Dessa forma, podemos supor que alguns dos parâmetros atualmente adotados pela comunidade psicanalítica estabelecida na regulação dos termos que garantem acesso à "formação em psicanálise" se devam a preocupações de regulação de mercado, de respeitabilidade social e de prestígio – entendo que esses elementos desempenhem uma função na regulação dos lugares ocupados pela psicanálise, evidentemente, mas não pretendo naturalizá-los, assim como não pretendo incorporá-los nas considerações que compõem esta obra (o que não significa, bem entendido, que me oponho a eles).

Ainda no contexto da formação técnica, acredito que seja relevante sinalizar para o papel desempenhado por uma bagagem mínima em termos da dinâmica do campo da saúde, da saúde pública e da saúde mental em nosso país. É relativamente comum que a trajetória de "formação do psicanalista" seja cotejada com exemplos e imaginário vinculados estritamente ao campo da clínica particular individual, e que esse imaginário seja naturalizado no contexto da formação. Cria-se, com isso, uma imago de psicanálise em tudo desvinculada do campo da saúde, da saúde pública e da saúde mental, o que me parece bastante pernicioso em termos de inscrição da psicanálise em nosso tempo e meio, e também em termos da perpetuação do elitismo e de uma "neutralidade" alienada/alienante para a práxis clínica psicanalítica. Nesse sentido, parece-me oportuno sinalizar para a importância de que o aspirante a psicanalista possa estar informado acerca da dinâmica do SUS, da saúde pública e da saúde coletiva brasileiras, da saúde mental pública e do espectro amplo da atenção à saúde da população – mesmo que o psicanalista vá atuar exclusivamente em consultório particular, considero essa formação elemento necessário e relevante para a adequada inserção do psicanalista e de sua práxis em seu tempo e meio. Isso (assim como a formação em "fundamentos do raciocínio clínico") pode ser recuperado de atividade prévia ou independente do aspirante a psicanalista, quando for o caso, mas também pode (e deve) ser incluído no escopo do conteúdo oferecido por grupos, instituições e comunidades vinculadas ao ensino e transmissão da psicanálise.

# Parte 2
Sobre a constituição do espaço mental habitado pelo psicanalista

# 5. Da confiabilidade da psicanálise do ponto de vista do candidato a psicanalista ou psicanalista iniciante

*Introdução*

Este texto foi escrito inicialmente como uma ferramenta para clarear o pensamento, em função de uma questão apresentada por um supervisionando – digo isso para ajudar o leitor a entender, a partir da circunstância, o teor e a cadência do texto (e também para agradecer a esse supervisionando, o Thiago Carreira, por formular a questão, ainda em 2019, e me inspirar a tratar desse assunto da forma como fiz aqui). Nele eu me proponho a discutir a confiabilidade da psicanálise do ponto de vista do profissional clínico, ou seja: termos e condições para que o candidato a psicanalista venha a confiar na psicanálise.

Confiar na psicanálise, nesse contexto, assume uma conotação abrangente e polissêmica: acreditar que a psicanálise funciona, no sentido de que o ajuda a trabalhar adequadamente diante daqueles que o procuram; que é um recurso digno de confiança, no sentido de que é uma alternativa minimamente razoável para as pessoas que vêm procurá-lo; que a psicanálise será instrumento suficiente para que ele consiga fazer o que se propõe em seu trabalho (que ele não entre em crise, não morra e não seja obliterado pelo cotidiano); em geral, confiaria na psicanálise no sentido de não se ver confrontado efetivamente com nenhuma dessas questões, no sentido de *poder não pensar nelas* e conduzir seu trabalho cotidiano em condição de atenção, devoção e relaxamento.

A confiança na psicanálise apareceu, sem grande destaque, na Parte 1 deste livro, e a partir dos apontamentos que faço aqui talvez fique mais clara a função estrutural que essa confiança desempenha na *sustentação* do espaço de pensamento ocupado pelo psicanalista ao exercer sua práxis.

## Breve circunstanciamento de caráter histórico

Quando começou a empregar o termo "psicanálise" em publicações, por volta de 1895, Freud estava claramente nomeando um método clínico, mas não parecia ter em vista uma especialidade, uma disciplina e muito menos um movimento; da mesma forma, não parecia estar pensando que "psicanalistas" passam por uma formação específica, e nada indica que tivesse em mente estabelecer um processo de formação de um profissional específico. Nesse período, "psicanalista" era quem fizesse psicanálise, e psicanálise era uma coisa que se fazia na clínica. Se lembrarmos, por exemplo, das menções de Freud ao "método clínico de Weir Mitchell", que aparecem nos "Estudos sobre a histeria" (1895/1996a), poderemos perceber como o "método de Weir Mitchell" ajudava a compreender o papel atribuído ao "método catártico" – eram métodos, empregados por médicos, no contexto de suas rotinas clínicas. Posteriormente, como todos sabem, o método catártico deixou de ser objeto de interesse da parte de Freud, que passou a se ocupar cada vez mais do que viria a ser o "método psicanalítico" – mas a princípio tratava-se de um "método", que poderia ser compreendido em seus princípios e aplicado conforme parecesse oportuno. Em "Interpretação dos sonhos" (1900/1996b), por exemplo, Freud afirma mais de uma vez que os interessados poderiam replicar as orientações que ele trazia ali e verificar, por sua própria conta, como o "método psicanalítico" permitia a interpretação de sonhos – isso parece chocante para muita gente hoje em dia, mas no contexto era algo tranquilo e autoevidente para Freud: o método psicanalítico é um método compreensível e replicável, que não exigia em princípio uma formação específica prolongada.

Contudo, a psicanálise já era alguma coisa "grande", no sentido de que era uma criação que ele tinha em alta conta; por conta desse apreço, a tendência sempre foi buscar ocasiões para valorizar o expediente e para garantir as melhores condições de desenvolvimento, já que o método psicanalítico era valioso, poderoso e encantador. E assim, efetivamente, suas publicações vão dando crescente destaque à psicanálise como objeto mesmo da publicação (a alternativa a isso, para deixar claro, seria que a publicação desse destaque ao caso clínico, à sua fenomenologia ou ao tema clínico em apreço), e a psicanálise vai se apresentando como um método mais complexo, sofisticado e especializado.

A criação da "Sociedade Psicológica das Quartas-feiras", em 1902, é um marco significativo no processo de "consolidação" da psicanálise como "coisa em si".[1] Em resumo, era um grupo

---

[1] Para detalhes sobre a criação e o devir histórico da Sociedade Psicológica das Quartas-Feiras, recomendo a leitura das atas da Sociedade Psicanalítica de Viena (Checchia, Torres & Hoffmann, 2015).

informal que se reunia semanalmente na casa de Freud para apresentação e discussão de textos psicanalíticos. Seus componentes eram, de maneira bastante pragmática, aqueles que procuravam Freud demonstrando interesse na psicanálise, em discuti-la ou em compreendê-la melhor. Não havia pré-requisito específico – a maioria eram homens médicos da região de Viena, mas havia outros perfis.

Aos poucos o grupo de interessados na psicanálise passou a se tornar o grupo de representantes da psicanálise – os primeiros psicanalistas, no sentido comunitário e exclusivo[2] do termo. Surgiu a ideia de um primeiro congresso, e movimentos de institucionalização começaram a derivar daí (na primeira década do século XX): uma associação internacional, congregando sedes nacionais, seminários teóricos regulares e uma forma de regular e acompanhar as análises pessoais daqueles interessados em tornar-se psicanalistas.

Ainda nesse período, entre 1908 e 1912, cria-se o Círculo Secreto, um grupo de colaboradores próximos de Freud que circulavam cartas (*rundbriefe*, literalmente "cartas circulares") dando notícias dos acontecimentos que diziam respeito ao movimento e discutindo situações e posicionamentos; uma espécie de guarda real. O Círculo Secreto atuará intensamente no "caso Jung" e na institucionalização de uma psicanálise forte e consciente de si – ao mesmo tempo que o afastamento de Jung e de Bleuler redundará em um distanciamento relativo da psicanálise em relação às práticas não psicanalíticas.[3]

---

[2] Refiro-me a "exclusivo" no sentido de um grupo de psicanalistas que se reconhecem como um grupo e regulam o que significa psicanálise em função de serem membros desse grupo, pessoas que se outorgam essa função – com isso deixam de ser "psicanalistas" pessoas que adotam um método, como em 1895 Freud adotava o método catártico, assim como adotava o método de Weir Mitchell. Ou seja, o sentido de "método" mudou, passando por uma restrição (ou "rarefação", como chamou Foucault em *A ordem do discurso*, 1970/1996).

[3] Para mais detalhes sobre o Círculo Secreto, e uma menção ao "caso Jung", ver

A ideia de uma formação padronizada para os psicanalistas partiu, ao que tudo indica, de Ferenczi – que, no entanto, tinha em vista o aprofundamento da análise pessoal e uma saída para os riscos da "hipocrisia" e da fragilidade emocional dos psicanalistas, a que era muito sensível. O interesse de Ferenczi dependeu, no entanto, do estabelecimento de programas nas associações nacionais e, até onde sei, a primeira formalização de um plano de formação de psicanalistas se deu na Policlínica de Berlim, já nos anos de 1920 e dependendo de esforços de Max Eitington (que propôs o "modelo Eitington", ainda usado em algumas formações psicanalíticas vinculadas à IPA).[4]

O que importa disso tudo é que a Associação Internacional foi aos poucos encontrando ocasião para se posicionar mais claramente a respeito das regras e, apesar de nunca efetivamente centralizar as decisões mais práticas (que ficam, até hoje, a cargo das associações nacionais), favoreceu a sistematização e a regulamentação, o que levou à consolidação de regras claras em cada país. O "mínimo denominador comum" por trás das análises ao redor do globo será a frequência a atividades de formação teórica, a submissão a uma análise conduzida por um analista reconhecido pela instituição nacional e a supervisão de atividades clínicas conduzidas ainda sob o estatuto de "aprendiz" ou "aspirante" (os termos não são esses, mas a lógica é). A frequência das sessões na análise "didática", a duração da formação e o caráter da atividade clínica supervisionada variam de país para país e ao longo do tempo. A regulação, no fim das contas, visava organizar e "cuidar" da "coisa psicanalítica", que passou a ser cada vez mais vinculada a uma atividade comunitariamente estabelecida e organizada; com isso, "psicanálise" passa a articular uma práxis a uma comunidade de forma bastante indissociável: não se entende

---

Grosskurth (1992).
[4] Sobre o papel de Ferenczi, ver Franco (2019). Sobre a proposição do modelo Eitington, ver Danto (2019).

a práxis sem olhar para a comunidade, e não se vislumbra a comunidade senão como "garantidora" da práxis. Vemos, assim, que os lugares atribuídos ao método e aos critérios de confiança no método passaram a ser mediados por esse processo de institucionalização.

## *Organização analítica do problema*

Hoje parece claro que oficializar os planos de formação não "garante" a formação de um bom psicanalista, e é provável que se soubesse disso já à época – o que se tem em vista parece ser, acima de tudo, a necessidade de regulamentar o exercício de uma prática e, por derivação, o emprego do termo e a discussão de seus fundamentos, eficácia, os termos da pesquisa e os desafios pela frente.

Esse é o polo central em questão em algumas das "crises" que a psicanálise, enquanto instituição formal, enfrentou ao longo dos anos. Um dos principais dizia respeito à dita "análise leiga" – a análise conduzida por não médicos –, que envolveu o próprio Freud, levando-o ao famoso artigo de mesmo nome (1926/1996e); esse tema espinhoso nunca foi efetivamente "resolvido" – no sentido da adoção de uma norma única –, de forma que há ainda hoje instituições que exigem a formação médica e outras que aceitam profissionais de outras áreas (psicólogos, sobretudo).[5] Mais tarde haverá a crise deflagrada por Lacan, que diz respeito, também ela, aos critérios de formação – afinal, Lacan era analista didata, e sua avaliação por uma comissão da IPA tinha a ver com sua manutenção ou não nesse cargo (Roudinesco, 2008). Um pouco mais tarde surgiram, no seio da IPA, os trabalhos em busca de um *common ground*, que seria uma base comum a todas as perspectivas, tradições e "escolas" de psicanálise ipeísta (Wallerstein,

---

[5] Tratei dessa questão na Parte1 deste livro, no Capítulo 4, seção "Fator 3".

1990; Jank, 2018) – aqui, como sempre, a tentativa de mapeamento daquilo que caracteriza, peculiariza e unifica a psicanálise.

A partir dessas coordenadas, podemos supor a existência de um interesse longitudinal acompanhando a história do movimento psicanalítico, que, além das lutas por poder e por afirmação, envolveria também a luta pela *compreensão* (no sentido de entendimento, mas também de controle) do princípio eficiente da psicanálise, do "fio vermelho" que uniria e caracterizaria a psicanálise. Nesse sentido, poderíamos revisitar o caso Jung, e mesmo o caso Lacan, considerando que o movimento em curso não seria (só) censurar quem entrou em falta ou disciplinar o indisciplinado – seria, também, um movimento em busca de "clareamento" daquilo que alguém pode dizer e fazer *em nome da psicanálise*.

O ponto em questão, olhando por esse ângulo, é a garantia de observação das condições mínimas, e é também a garantia de um certo teor mínimo pautando ou regulando as afirmações e os fazeres. Esse teor mínimo das afirmações e fazeres, no entanto, varia conforme tempo e circunstância – não se trata de um conjunto de afirmações que são verdades incontestes em psicanálise, mas sim da adesão da "comunidade psicanalítica" ao que a psicanálise, enquanto instituição, reconhece e ratifica num dado tempo e meio. Para isso serviu o Círculo Secreto, e é para isso (também) que serve a IPA. O tema da qualidade, da eficácia ou da cientificidade da psicanálise, portanto, não é questão de ordem, mas sim questão estratégica, a depender dos elementos institucionalmente em causa.

Algo nesse sentido também aconteceu – confiro aqui um último exemplo – quando a "cientificidade da psicanálise" foi seriamente questionada no círculo da filosofia da ciência, a partir de Popper e Grünbaum, dois autores de peso e renome na área.[6] Nessa

---

[6] Esse tema é abordado em Beer (2017, 2020), inclusive em termos de um mapea-

época, a IPA estabeleceu seminários e discussões, e houve uma série de publicações a esse respeito; o que estou sugerindo é que, pelo menos em alguma medida, a ideia em causa nessa atividade toda não é necessariamente resolver a questão da cientificidade da psicanálise, mas, sim, muito mais especificamente, resolver a questão do *questionamento* acerca da cientificidade da psicanálise perante detratores que tinham visibilidade suficiente para ser um problema para o "movimento". A diferença está longe de ser um detalhe: indica que o engajamento diz respeito à sustentação de um campo aberto, em meio ao qual e no seio do qual a psicanálise pode ser pensada, desenvolvida e cultivada com todas as suas diferenças, contradições e heterogeneidades. Nesse sentido, o psicanalista (principiante ou não) que se vê *em crise com* a psicanálise pode imaginar que não está alheio ou descontente, já que, em grande medida, o movimento inclui (e, em grande medida, é movido por) esse tipo de questionamento.

## *Alguns aspectos envolvidos na formação do analista*

Freud disse algumas vezes em seus escritos que a função principal da análise pessoal do analista era o estabelecimento de "convicção pessoal" acerca da existência do inconsciente e dos mecanismos de seu funcionamento – o que seria importante para que o analista pudesse desempenhar seu trabalho clínico tendo esses como objeto de trabalho. Ferenczi, mais exigente, indicava que o papel principal da análise pessoal era suprimir os complexos, anseios emocionais e falhas de caráter que poderiam entrar no caminho ou beneficiar-se indevidamente na prática psicanalítica (Freud incorporará esse elemento em seu entendimento acerca da

---

mento histórico, e aparece também em alguns capítulos de Mezan (2014).

função da análise pessoal, somando-a ao papel de "convencimento" que ele já usava havia tempos, na medida em que uma formação mais "sistemática" era adotada pelo movimento, na esteira da Policlínica de Berlim e da adoção do "modelo Eitington").

Algum tempo depois, e vindo de fora da psicanálise, Claude Lévi-Strauss dirá que a análise pessoal é uma experiência "iniciática" do candidato a analista – como os rituais de iniciação no processo de "formação" dos xamãs em alguns grupos e tribos (Lévi-Strauss, 1975). Henri Ellenberger, psiquiatra que iniciou sua carreira como psicanalista, mas que migrou depois em direção ao existencialismo, permite complementar a imagem sugerida por Lévi-Strauss com a noção de "doença criativa": o processo de análise pessoal é a retomada da experiência de crise emocional pessoal por que Freud passou ao criar a psicanálise. Ellenberger entende que a psicanálise é fruto da "doença criativa" de Freud, e que o candidato a analista deve passar por um processo equivalente, de forma a assumir o tipo de estrutura de pensamento requerida para o trabalho (Ellenberger, 1970). Esses dois autores, convém dizer, não apresentam essas considerações a título normativo, como quem quer dizer o que uma formação *deve* fazer, mas em sentido descritivo, como quem tenta explicar o que uma formação *faz*.

Essas noções de Lévi-Strauss e Ellenberger apontam para o campo do que eu mesmo venho tratando como a *interiorização da imago de analista*: a partir de uma disposição emocional "iniciática" e em função de sua análise pessoal e apoios institucionais/comunitários, o aspirante a psicanalista incorpora um imaginário complexo, que inclui elementos de mobiliário, frases, formas de raciocínio, trejeitos e mimetismos, impostações e outras tantas características, mobilizando esses elementos como "tijolinhos" que vai empenhar na constituição de uma imagem de analista.

Esse campo é modificado num sentido discreto, mas decisivo, quando retomamos a proposição de Winnicott, segundo a qual o psicanalista deve ter a teoria (do desenvolvimento, dirá ele) "em seus ossos" (*"in one's bones"*, numa expressão corriqueira em inglês, mas que soa estranha em português).[7] A ideia aqui é que o processo de pensamento clínico psicanalítico não deve ser conscientemente mobilizado, mas deve enquadrar um modo de estar-ali; Winnicott não parece associar explicitamente essa consideração às questões ligadas à formação do analista, mas a ponte não é difícil de se fazer: a experiência de análise pessoal deve oferecer condições de desenvolvimento emocional que se incorporam à presença e à pessoalidade do analista, permitindo-o engajar-se numa prática clínica que se deflagra a partir de sua corporalidade (incorporando, evidentemente, o pensamento analítico e consciente, mas não se centrando nele).

## Conclusão, ou: e aí, dá para confiar na psicanálise?

Esse breve percurso teve como propósito organizar uma colocação que, por mais polêmica que seja, me parece ser a resposta mais honesta que consigo imaginar à questão-título desta seção: entendo que a psicanálise *não trabalhou* em termos institucionais, políticos e de pesquisa para se tornar confiável nos parâmetros que o termo usualmente assume no meio científico e clínico, mas sim para poder manter-se coesa internamente ao longo de seu transcurso no tempo, ou seja, para poder confiar em si mesma. É evidente que isso não dá conta de todos os acontecimentos, e há exceções notáveis nas duas pontas da questão: houve atores

---

[7] A expressão aparece na Introdução do livro *Consultas terapêuticas em psiquiatria infantil* (Winnicott, 1984), mas só cheguei a ela por conta da (ótima) Introdução do livro *In one's bones: the clinical genius of Winnicott*, de Dodi Goldman (1993).

institucionais, políticos e pesquisadores que trabalharam com afinco na perspectiva de conferir confiabilidade à psicanálise do ponto de vista científico e clínico, e pode-se perceber facilmente que a psicanálise apresenta coesão interna relativamente baixa ao longo do grosso de sua história.[8] A situação, no entanto, parece efetivamente operar como delineei: a psicanálise trabalhando em busca de confiabilidade *interna*, e não *face ao fora*.

Pode parecer ruim, e pode parecer pouco, mas me parece compreensível, eficiente e, ademais, inevitável: confiabilidade significa, a depender do contexto, validação, coerência interna e poder de predição. Esses termos dependeriam, todos eles, de uma normalização acerca do que se faz em uma análise que uma cena psicanalítica não tem condições de avançar – a menos que esteja disposta a deixar de ser o que a define mais intimamente. Freud já dizia em 1895, quando da publicação dos Estudos sobre a Histeria, que seu relato clínico pareceria mais um romance policial que um caso médico usual, mas que isso era inevitável devido à natureza mesma do tratamento. A vantagem nesse ponto é que se poderia garantir o anonimato do paciente sem sacrificar a apresentação (pois o que caracteriza uma análise são dados íntimos do paciente e conhecidos por quase ninguém, e os dados mais identificatórios do paciente, como idade, endereço, profissão etc., dificilmente são aqueles que serão decisivos no curso da análise); a desvantagem é que o relato tem muito pouco "cara de medicina" (nos termos de

---

[8] O primeiro elemento opera como exceção, ao passo que o segundo, não: a psicanálise enquanto movimento parece prescindir de coesão interna na maior parte do tempo e dos lugares, organizando-se em busca de coesão apenas quando confrontada, ameaçada ou em crise. No Brasil, as organizações contra a regulamentação da "psicanálise ortodoxa" e contra a "exclusão" da psicanálise dos tratamentos oficialmente reconhecidos para o autismo no estado de São Paulo são bons exemplos desse tipo de dinâmica. Esse tema é discutido em diversos pontos do livro organizado por Sigal, Conte e Assad (2019).

Freud, no contexto do caso Dora) e muito pouco "cara de ciência" (nos termos das medicinas e psicologias baseadas em evidências, no caso contemporâneo).

A consequência que mais me interessa aqui, então, é que a questão acerca da confiabilidade da psicanálise, quando emerge no contexto de um candidato a analista, é uma questão clínica crucial, que pede cuidado nos termos do desenvolvimento e da trajetória clínica dessa pessoa; quando emerge no contexto de um cientista ou de um pensador ou mesmo de um profissional de saúde cético, ela assume outro valor e outro lugar; ela não é menos importante por definição, mas não é intrínseca à psicanálise – diz respeito, eventual e contextualmente, à *trajetória* da psicanálise enquanto prática, enquanto modo de pesquisa e enquanto instituição; em uma palavra: enquanto movimento. Nesse último caso, no entanto, há de se ter em vista que a psicanálise não necessariamente pleiteia desenvolvimento mercadológico nos termos do capitalismo global, como somos normalmente levados a naturalizar: a psicanálise conta com mecanismos muito peculiares de desenvolvimento endogênico, "reservas de mercado" peculiares e não parece fadada à insolvência, falência ou desaparecimento em função de suas (muitas) crises de confiança "face ao fora".

Podemos entender, portanto, que a questão mais crítica e aguda em relação à psicanálise em termos de sua confiabilidade diz respeito à confiança que o candidato a psicanalista pode ter a respeito da clínica psicanalítica enquanto um acontecimento legítimo, digno de confiança. Quando essa confiança está frágil ou sob suspeita, tratar-se-ia acima de tudo de uma *questão* acerca do pertencimento ou não daquela pessoa à psicanálise enquanto movimento – questão a ser levada a sério e sustentada, já que é legítima, aceitável e pode trazer muito *insight* à pessoa em questão e àqueles que a acompanham no processo de questionamento (analista pessoal, supervisor, colegas de turma de curso de formação etc.).

Quando um profissional clínico encontra uma grade referencial que o faz trabalhar entendendo-se psicanalista sem que tenha essa confiança, tratar-se-ia de uma "ameaça ao movimento", por configurar uma análise selvagem, uma dissidência ou uma diluição da inscrição da psicanálise enquanto fenômeno clínico e social. Se, por outro lado, o psicanalista em formação consegue sobreviver a essa crise de confiança, pode acontecer de ele descobrir *em si* essa confiança que procurava na psicanálise – e nesse movimento, justamente, ele acaba encontrando a forma pela qual a psicanálise que ele faz produz sentido (para ele e para aqueles que ele atende). Nessa medida, acabamos retomando a máxima atribuída a Fédida, segundo a qual "a psicanálise se reinventa a cada vez que um psicanalista senta em sua poltrona" – não no sentido relativista e leviano da coisa, mas no sentido de que *a psicanálise em que um psicanalista tem que confiar é aquela que acontece por meio dele*, quando ele se posiciona no *setting* e, sem que ele saiba ou possa explicar como, a psicanálise acontece ali – e isso só acontece no contexto da práxis e na ocasião do encontro clínico.

# 6. O psicanalista, sua solidão e companhias fantasmáticas[1]

*Introdução*

Escrevi uma primeira versão deste texto em meio às transformações e incertezas deflagradas pela pandemia de Covid-19, que foi um período assustador: em questão de semanas instalou-se a sensação de estarmos vivendo em um mundo estranho, irreconhecível, sensação que coabitava sofridamente com a percepção paulatina de que o mundo em que vivíamos até então estava perdido. Posto que nosso entendimento de "mundo" é amparado basicamente pela nossa disposição afetiva em direção ao meio que habitamos (a noção de "mundo" sendo, por exemplo, bem diferente da noção de "planeta"), parece seguro dizer que nosso mundo

---

[1] Uma versão anterior deste texto foi publicada em Franco, W. (2020b). E o analista (não) está só: a clínica psicanalítica, a solidão e as companhias fantasmáticas. *Conteúdo PSI, 2*(1), 43-58.

efetivamente tinha mudado de forma inexorável – e, assim como o luto de um ente querido envolve a "perda de um mundo" e o lento aprendizado de como viver no "novo mundo" em que a pessoa amada e perdida não vive, estávamos (e em alguma medida ainda estamos) às voltas com esse "estranho novo mundo" em que gestos tão rotineiros quanto um aperto de mão e tão singelos quanto um abraço tinham perdido a naturalidade que lhes parecia intrínseca.

Pois bem: neste texto trato de um tema que certamente dialoga com essa circunstância em meio à qual ele foi escrito, que é a solidão – mais especificamente, nesse caso, a solidão do analista. Muito do que tenho a dizer a respeito do tema valeria independentemente das tais circunstâncias – mas percebo que as circunstâncias tiveram um papel relevante na forma como o assunto se impôs a mim, e na forma como ele modulou questões das quais eu já vinha me ocupando no que diz respeito à práxis psicanalítica e às venturas e desventuras do psicanalista na composição da dimensão "sigilosa" e "singular" do ofício com a dimensão "pública", "coletiva" e "comunitária".

O texto está estruturado, justamente, mantendo em vista dois vetores aparentemente (mas apenas aparentemente) opostos que se relacionam com esses aspectos: a primeira parte trata de dimensões importantes da solidão inexorável em que trabalha o analista, a segunda parte trata de dimensões importantes do trabalho do analista em que ele jamais estará só.

## Em que o analista está só

Um leigo, à primeira vista, poderia estranhar a ideia de que o analista enfrenta problemáticas associadas à solidão; afinal, o psicanalista conduz seu trabalho clínico em encontros com pacientes, que estão lá com ele – então, à primeira vista, pensar na solidão do analista pareceria tão estranho quanto pensar na solidão do dançarino de forró (já que este também nunca conduz seu trabalho sozinho).

Mas essa impressão não procede, e a solidão do analista é uma questão premente e intensamente vivida: analistas têm de enfrentar a sensação de solidão, e de forma mais pungente e delicada na medida em que se trata justamente de uma solidão contraintuitiva, uma solidão para além da aparência. Poderíamos dizer, arriscando uma fórmula, que *o analista está só porque sua presença é pautada por sua condição de analista, que pressupõe a suspensão da pessoalidade daquele que opera enquanto analista na medida em que sua práxis clínica assim o exige.*

O que isso significa, muito basicamente, é que o analista está com outras pessoas o tempo todo, mas ele não está lá enquanto pessoa, e ele tampouco está em interação com a pessoalidade delas, do ponto de vista de sua presença ali – então o fato de seu trabalho envolver interação com outras pessoas não contribui para que ele conviva, enquanto pessoa, com outras pessoas. O ponto crucial, aqui, é a diferença entre *subjetividade* e *pessoalidade*: a pessoalidade pressupõe a assunção, a incorporação e a habitação de nossa identidade imaginária e socialmente construída e negociada, a dimensão de nossas vivências a partir das quais nos reconhecemos como nós mesmos; a subjetividade, por sua vez, diz respeito a processos mais abrangentes e, digamos, menos sociais, menos sociáveis, eventualmente menos socializáveis.

Basicamente, estamos tratando aqui de uma diferença de grau e qualidade nas formas de interação humana – de forma que, assim como uma pessoa obtém graus e qualidades distintos de satisfação se estiver em uma festa de confraternização da empresa ou em um bar com amigos queridos, de forma quase equivalente um analista está engajado em formas de socialização radicalmente distintas quando conversa com seus amigos e quando está atendendo seu paciente (mesmo que simpatize com ele, e chegue a pensar que poderiam ser bons amigos se não fossem analista e paciente). Então, assim como uma pessoa em uma festa da empresa não está (ou não deveria estar) focada principalmente em se divertir, o analista em seu trabalho clínico não deveria estar engajado em sociabilidade ou interação social – o que está em jogo é outra coisa, de outra ordem, e por isso a interação do analista com seus pacientes não diz respeito à sua sociabilidade ou à sua vida social.

O ponto que levanto aqui interage com os conceitos winnicottianos de verdadeiro e de falso *self* (Winnicott, 1960/1983) – com qualificações importantes: 1. é importante lembrar que "verdadeiro" e "falso" aqui não são noções morais ou valorativas, mas sim descrições de processos psíquicos qualitativamente distintos; 2. o falso *self* não é necessariamente patológico e, pelo contrário, seria patológica a ausência de recurso ao falso *self* na vida de alguém; 3. o verdadeiro *self* não é "verdadeiro" no sentido de ser autêntico – é verdadeiro no sentido de integrar formas de vivência e expressão que remetem de forma não sintomática aos processos primários e a estados de não integração (estando, portanto, relativamente livre de racionalizações e outros mecanismos de defesa). Tendo em vista essas qualificações, podemos propor que o trabalho do analista pressupõe a suspensão dos mecanismos adaptativos pautados pela operação do falso *self* no analista – o que mergulha o analista em um modo relacional que não é o da sociabilidade, mas essa suspensão não implica um "mergulho no verdadeiro *self*" que seria fonte de satisfações diretas e não mediadas. Pelo contrário, isso pressupõe que o analista disponha de sua presença de forma a acompanhar os processos do paciente. Como se ele fosse um generoso, habilidoso e bastante abnegado dançarino de forró, que suspende seus próprios interesses e prazeres em benefício de seu par, para que seu par consiga viver, compreender e transformar seu próprio modo de dançar; como se o funcionário fosse à festa de gala da empresa sabendo que precisará perceber, interagir e fazer acontecer alguma interação específica, sem que ele saiba de antemão qual é – e então ele se senta ali, junto ao bar, e observa em busca de algo que só saberá o que é quando o tiver encontrado.

Para além das noções winnicottianas de verdadeiro e falso *selves*, podemos entrever que o ponto decisivo em causa aqui é aquele da atenção flutuante – ou atenção equivalentemente suspendida, como preferem alguns. Porque a suspensão da atenção implica um modo muito específico de relaxamento – é relaxamento, mas é relaxamento como ferramenta de trabalho; de forma que, ainda que esteja em jogo a suspensão do regime mediado pelo falso *self* (que é o regime da sociabilidade corriqueira), o que se constitui a partir daí não é um modo de presença que proporciona ao analista uma plataforma de satisfação não mediada. Não significa, no polo oposto, que o analista é um abnegado que não obtém prazer de seu trabalho, mas significa, sim, que o prazer obtido em seu trabalho é necessariamente submetido à dedicação de sua presença ao trabalho de análise – de forma que a disposição psíquica do analista envolve uma suspensão no regime de sociabilidade usual sem caracterizar uma retração narcísica que poderia vir a prover satisfação direta.

Tudo que está sendo dito aqui acaba por nos reenviar à compreensão avançada por Figueiredo (2008) acerca da presença do analista, na qual o autor indica que a presença envolve uma flutuação entre momentos mais *implicados* e mais *reservados* (ele está sempre presente, claro, mas os *modos* de sua presença flutuam). O ponto principal é que essa presença, modulando entre a implicação (quando diante de situações clínicas que clamam por interpretação, pontuação, interposição de uma construção, atuação, *enactment* etc.) e a reserva (quando diante de situações clínicas que convocam ao *rêverie*, ensonhamento, elaboração de vivências contratransferenciais, sobrevivência e elaboração contratransferencial de ataques ao analista e ao *setting* etc.), essa presença não está a serviço da pessoa do analista, ou seja, não se presta à oferta de satisfação sexual e/ou narcísica do analista.

Interpolo aqui uma discussão acerca das gratificações do analista, porque considero o tema importante e delicado – afinal, disse há pouco que a presença do analista na práxis clínica não se presta à oferta de condições de gratificação sexual e/ou narcísica, mas esse ponto não é simples e clama por detalhamento. É sabido, e perfeitamente aceitável, que o analista obtém satisfação sexual (não genital, mas sensação de prazer vinculada a vivências clínicas) e satisfação narcísica a partir de sua práxis, mas é crucial manter em vista que essa gratificação é residual, e fica submetida à ética da psicanálise e às condições concretas de trabalho – essas gratificações são (devem ser) tão relevantes quanto os chocolates que funcionários de fábricas de chocolates ganham na Páscoa: é bom receber, mas se você está trabalhando ali especificamente por isso, você o está fazendo pelos motivos errados. O prazer da clínica advém de maneiras certamente bastante distintas para profissionais distintos, e é certo que a clínica oferece plataformas legítimas para a satisfação pessoal do analista (desde aprendizados colaterais em "cultura geral", passando por diversão genuína diante de piadas e situações cômicas, chegando à satisfação legítima diante de um trabalho que promove satisfação narcísica e/ou sexual não genital diante de encontros clínicos vivazes e vivificantes). O ponto principal é que o analista se dispõe a manter sua atenção neste tal regime de suspensão para fazer seu trabalho, e se dispõe a navegar entre modos implicados e reservados *conforme a necessidade do trabalho.*

Chegamos, com isso, ao coração do argumento deste item. O analista se dispõe a manter-se presente conforme a necessidade do trabalho, e para tanto dispõe a si mesmo sob um regime de suspensão – e isso implica que o encontro que ele vive ali, com seu paciente, não *serve* a ele, e qualquer prazer que a ele advenha do encontro é residual, colateral.[2] Por isso, ainda que em um dia comum de trabalho um analista entre em contato com bastante gente, e ainda que eles tenham trocas significativas, isso não significa que o analista esteve em um dia socialmente agitado e gratificante – a despeito de sua presença em diversos encontros com diversos pacientes, em uma dimensão decisiva pode-se dizer que o analista está efetivamente só.

Além disso: mesmo que ele tenha obtido gratificação por conta de bons momentos vividos em sua práxis clínica, estes não se referem à sua sociabilidade, submetidos como estão a um regime de presença pautado por outros imperativos – e, por isso, mesmo que tenha tido bons momentos em seus atendimentos, o prazer vivido não se refere à sua vida social e não se presta a alimentá-la. Assim, por fim, pode-se dizer que a situação analítica pressupõe a suspensão da sociabilidade do analista, e o modo paradoxal como isso acontece (posto que ele encontra gente enquanto trabalha) pode gerar vivências perturbadoras, exacerbando a percepção de solidão que ele eventualmente viva por questões pessoais.

## Em que o analista não está só

De qualquer forma, ainda que o analista precise lidar com a problemática da solidão em sua práxis, seria uma simplificação descabida supor que ele está condenado à solidão. E digo isso não só pelo fato de ele contar com a presença do paciente, seu

---

[2] O que não significa que é irrelevante, evidentemente – o analista tem pleno direito a sentir prazer em sua práxis, e esse prazer é parte importante da sustentação do trabalho, mas deve estar acoplado a uma lógica de sustentação segundo a qual tal prazer seja colateral ao que é central, imprescindível e decisivo no trabalho.

par analítico; digo isso por conta de companhias outras, menos evidentes e mais insólitas – espectros, avatares e assombrações que habitam sua práxis.[3] Não se trata, é claro, de "obsessores" espíritas nem nada do gênero: essas assombrações são parte da escuta e do ofício psicanalítico, são passíveis de compreensão e exposição bastante materialista e bem pouco esotérica. Para recorrer, uma vez mais, a uma fórmula (essa, infelizmente, deselegantemente longa): *o psicanalista nunca está sozinho porque trabalha a partir de um modo de presença delimitado e habitado por uma fantasmática composta de espectros, avatares e assombrações conjurados a partir de sua experiência com seus autores de referência, comentadores, analistas, supervisores, professores e pares; essas imagos permitem a incorporação e a encarnação ativa do modo de pensamento peculiar à psicanálise e que a caracteriza*.

Os interlocutores fantasmáticos são parte importante do "ambiente de escuta" que é, no fim das contas, a presença a que Luís Cláudio Figueiredo se refere – aquela presença em meio à qual o analista se dispõe de forma mais ou menos implicada, mais ou menos reservada, ao sabor dos acontecimentos clínicos. Falávamos, no item anterior, sobre como o analista mobiliza e se ampara em sua atenção flutuante, ou equilibradamente suspendida, como instrumento principal de seu trabalho; bom, a atenção flutua, mas o analista não se apega, e não opera, a partir do que lhe "dá na veneta" – ou melhor: trabalha a partir do que lhe dá na veneta, mas trabalha intensamente sobre como a "veneta" lhe acomete, para garantir que ela responda a elementos que serão plataforma para um trabalho clínico significativo e transformador.

---

[3] Não tratarei, neste texto, das distinções entre esses conceitos, nem entre eles e equivalentes (eventualmente homônimos) consagrados na tradição psicanalítica. Para o leitor interessado em aprofundar seu entendimento dos conceitos, recomendo a leitura de Frosh (2018) e a primeira parte de Derrida (1994).

Para a preparação do bom funcionamento de sua "veneta", como bem sabemos, o psicanalista deve pautar-se por uma boa fundamentação nos elementos do chamado tripé analítico: uma boa análise pessoal, uma formação teórica robusta e experiências clínicas supervisionadas instrutivas e enriquecedoras.[4] Acontece que esse tripé não é, evidentemente, um tripé frio e metálico como os tripés de máquinas fotográficas: o tripé analítico se constrói a partir de encontros significativos, a partir da interação com outros psicanalistas, alguns mais experientes (professores e analistas e supervisores) e outros que são companheiros na jornada de formação.

## Companhia viva

Um primeiro conjunto de interlocutores fantasmáticos que estarão presentes no "ambiente de escuta" ocupado pelo analista em sua práxis diz respeito, então, a interlocutores amparados em lembranças e vivências que envolveram um "outro encarnado" – ou seja, encontros materiais com pessoas em interação deliberada com eles: tratam-se dos analistas, supervisores, professores, colegas de grupos de estudos etc. com que o analista em formação interage. Por meio desses encontros se compõe um amplo campo de interlocutores imaginários, pessoas com quem o analista estabeleceu relações de identificação, idealização, rivalidade e paixão.

---

[4] Sinalizo ao leitor que na primeira parte deste livro sugeri substituirmos a imagem do "tripé" pela imagem de uma "corda" compondo alguns "fios" – os três do "tripé" *mais* a inscrição comunitária do analista *e* os três níveis do que compõe a psicanálise (pesquisa, teoria e modo de tratamento); por comodidade comunicativa, continuo me referindo a tripé, ao menos enquanto a comunidade psicanalítica não acata minha singela sugestão.

Essas pessoas certamente serão parte do lastro afetivo mobilizado pela flutuação do analista no transcurso de sua práxis cotidiana – ainda que, em geral, não tomemos consciência de sua presença lá; ainda assim, mesmo que não os vejamos, temos eventualmente indícios de sua presença a partir de pequenos gestos, cacoetes ou modulações de escuta. Lembro,[5] nesse sentido, de uma época em que me peguei encerrando sessões, a despeito de meu melhor juízo, dizendo algo como "estou preocupado com nosso horário, então... podemos continuar na próxima sessão?" – não era uma colocação que eu mesmo achasse pertinente, e não gostava dela, mas ela insistia em saltar de meus lábios; e o pior de tudo era que eu sabia exatamente de onde ela vinha: era uma expressão recorrente na forma como meu analista à época encerrava as sessões (o que sempre me incomodava, visto que ele mesmo frequentemente atrasava para me chamar, pouco "preocupado com o horário" que eu mesmo passava em sua sala de espera). Mais recentemente tive a oportunidade de ver surgir outra expressão: "então tá bom, Fulano; podemos ficar por aqui, hoje?" – esta também uma citação, *ipsis litteris*, de outro analista.

Já um supervisor me influenciou em algo mais abstrato, abrangente e decisivo que o modo de encerrar sessões: em uma supervisão, ele me convenceu a superar minha inibição e formular, no contexto de um caso que atendia à época, uma intervenção retoricamente mais forte, na linha "eu sinto que você não existe" que aparece em alguns relatos clínicos de Winnicott (Winnicott, 1971 é um bom exemplo). Bom, o fato é que a partir daquela ocasião eu

---

[5] Aqui, como em algumas passagens adiante, recorrerei a exemplos pessoais, recolhidos de minha fantasmagoria pessoal, como forma de ilustração das coisas a que me refiro. Serão exemplos simples, e eu espero e imagino que analistas que me leem possam recorrer a seus próprios exemplos: exemplos de trejeitos, expressões e cacoetes que apontam para a "presença" de outros em sua presença, para a permanência de impressões que vão habitar sua presença e (por consequência) sua atenção flutuante.

passei a contar com a capacidade de sustentar situações clínicas que dependam de enunciados fortes e duros de minha parte, quando isso é clinicamente pertinente – simplesmente porque esse meu supervisor me ajudou a perceber que isso não é uma violência descabida, mas um ato clínico pertinente e adequado, e ao fazer isso ele se ofereceu como "companhia fantasmática" para mim, de forma que quando assumo uma postura como essa eu "conto com ele" ali, me dando uma força.

"Incorporações" como essa poderão aparecer em todo e qualquer detalhe da presença clínica do analista – um modo de postar-se junto à porta para receber o paciente, um modo de franzir as sobrancelhas, um modo de iluminar ou decorar a sala de atendimento. Algumas associações são mais, outras menos, evidentes, mas só posso imaginar que elas fazem parte desse "lastro" afetivo e imaginativo que um analista estabelece com sua comunidade de referência e pertencimento na implementação de sua práxis.

Imagino, claro, que a maioria de nós estabeleça estilos e idiossincrasias performáticas sem fazer grande questão de descobrir "de quem roubamos o quê"; ainda assim, parece-me apenas razoável supor que nossas *performances* cotidianas em nossas práxis clínicas contem com diversos pequenos gestos que nos acolhem (e acolhem, por derivação, a nossos pacientes) naquilo que a análise vai oferecendo e significando para nós. Como se houvesse uma grande dispersão de fios vermelhos (e fios de diversas outras cores) compondo a tapeçaria do imaginário daquilo que "psicanálise" passa a significar conforme a fazemos acontecer.

## O cânone e os comentadores consagrados

Outra dimensão dessas companhias imprestentes cabe, com as devidas adaptações dinâmicas, aos autores de referência – autores de textos por meio dos quais o analista veio a conceber que "entende", ou "conhece" psicanálise. Entendo que os autores que contribuem de forma decisiva para a composição deste campo são: 1. aqueles que chamo de "canônicos" (como Freud, Lacan, Klein, Winnicott, Ferenczi); 2. uma composição qualquer de autores que convenha chamar de "notáveis": aqueles que não compõem – pelo menos não durante a formação do analista em questão – uma imago sólida a ponto de consolidar um campo de tabu à sua volta, mas que ainda assim oferecem elementos decisivos na consolidação de estratégias de escuta, pensamento e atuação clínicos – aqui figurariam, contemporaneamente, autores bem estabelecidos no editorial especializado brasileiro, como Joël Dor, Bruce Fink, Pontalis, Green, Luís Claudio Figueiredo, Daniel Kupermann, José Outeiral, Christian Dunker, Luiz Alfredo Garcia-Roza e tantos outros.

A diferença entre os grupos aqui não é de natureza, mas de grau – e ainda assim, decisiva. Pensemos, por exemplo, que 1. ninguém me chamaria de "figueirediano" ou "kupermanniano" ou "dunkeriano" ou o que seja; 2. as pessoas me chamam (com frequência) de "winnicottiano", ainda que tenham claro que eu não me enquadro em uma caricatura do que isso usualmente significa na cabeça delas; e 3. parece-me que a colocação "winnicottiano" só faria sentido em relação a mim se ela fosse ponderada pelo fato de que a imago a que recorro de Winnicott é modelada pelo papel que cumpriram em minha formação autores (e pessoas) como Luís Claudio Figueiredo e Daniel Kupermann; 4. parece inaceitavelmente indigesto para as pessoas que um analista não esteja enquadrado dentro de um "ismo" canônico qualquer.

Essa composição entre canônicos e notáveis a que me refiro aqui fica clara quando pensamos em analistas formados em instituições e escolas mais tradicionais de transmissão da psicanálise, instituições nas quais o autor canônico é ensinado mediante a forma como os membros notáveis daquela instituição o compreendem (inclusive no sentido etimologicamente mais literal, em que "compreender" remete a posse) e nas quais o tripé é "amarrado" de maneira mais firme (com os professores e analistas e supervisores "trabalhando em conjunto" na composição de uma fantasmática mais coesa); é assim que funciona, na prática, aquilo que Kupermann (1996) chama de "transferências cruzadas".

## O espaço dos fantasmas em tempos de vida online e as formas de circulação na comunidade psicanalítica contemporânea

Trago por fim, à guisa de encerramento deste capítulo, uma consideração que também está bastante associada à Covid-19 e às transformações nos modos de sociabilidade que ela acabou acelerando ou promovendo: a acentuação do recurso a *lives* e ao ensino a distância, com supervisões e grupos de estudos e análises ocorrendo de forma online, ficando assim suspendida ou reduzida a circulação presencial por meio da qual uma parte razoável da transmissão da psicanálise era usualmente feita até não muito tempo atrás. Essa característica interage de perto com uma preocupação que eu já formulei tempos atrás e que chamo, neste livro, no Capítulo 8, de "superpsicanalistas": a preocupação é de que alguns psicanalistas sejam formados fazendo recurso bastante intenso a figuras que são "reais demais" para serem autores "de fundo" (como são os autores canônicos), ao mesmo tempo que são "ideais demais" para serem interlocutores "de frente" (como analistas, supervisores e outros com quem o analista em formação estabelece trocas mais passíveis de incorporação e encarnação); esse é o campo ocupado na prática por intelectuais e "grandes comentadores" da psicanálise, aqueles que projetam uma sombra enorme ao dar a entender que sabem tudo e explicam tudo (obturando, assim, o acesso ao modo específico de não saber que caracteriza a escuta analítica).

Pois bem, minha preocupação aqui é que a transmissão da psicanálise, destituída de encontros presenciais e encarnados, precipite a formação de analistas que implementam uma psicanálise desencarnada – no sentido daquelas sopas ralas, aguadas, em que parece restar apenas "o cheiro", um sabor distante e rarefeito do que ela deveria ser.[6] Sempre entendi que a autorização do psicanalista congrega imaginários idealizados e jogos de relações que oferecem uma plataforma, um "pivô" que permitirá ao analista em formação "fazer o giro" de uma postura submissa e estudantil a uma desafiadora e/ou descrente, até chegar, por fim, a uma incorporação autoral e criativa; pois bem, o risco é que a "virtualização" das relações que medeiam o contato do analista em formação com o imaginário daquilo que a psicanálise "é" leve a uma cristalização ou paralisação desse processo (paralisação que será "reagida", evidentemente – por meio de uma postura defensivamente arrogante, ou uma postura mimética caricatural, ou numa eterna submissão inferiorizada). Isso não é consequência inevitável da prevalência das atividades online, evidentemente, mas sim um risco associado à redução da circulação do analista (ou aspirante a analista) por cafezinhos, reuniões, corredores e outros "respiros" que a institucionalidade psicanalítica usual acaba promovendo.

Ao mesmo tempo, é importante reconhecer que as atividades de pensamento e transmissão online da psicanálise – incluindo

---

[6] Não levanto essa preocupação por saudosismo ou primitivismo: entendo que as plataformas virtuais podem contribuir para a disseminação de conhecimento, e podem ser muito úteis em muitos momentos e processos – mas acho importante pensar sobre o que está em jogo quando nos propomos a "substituir" atividades que antes eram feitas presencialmente por "equivalentes" virtuais ou online.

canais do YouTube, *podcasts*, cursos e seminários online etc. – contribuíram muito para redimensionar as formas de circulação em meio à comunidade psicanalítica, rompendo algumas barreiras tradicionais que garantiam continuidade a modos de regulação que eram regionalistas, elitistas e, muitas vezes, misóginos e racistas. Penso aqui no fato de que as atividades online permitem acesso a eventos e atividades para muita gente que se via excluída da circulação – por filtros na divulgação das atividades, por limitação de vagas, por concentração das atividades em bairros elitizados, pela imposição de custos inviabilizantes para uma parcela significativa da população, e ainda por constrangimento e violência simbólica e material.[7]

No caminho inverso (mas com o mesmo sentido), penso no fato de que coletivos e instituições periféricas passaram a contar com uma visibilidade e acesso que até então não tinham – muita gente de destaque no meio psicanalítico tem se aproximado virtualmente de coletivos nas periferias, mas essas pessoas provavelmente não se deslocariam até as periferias e, se o fizessem, não trariam o mesmo tipo de ganho de prestígio para essas instituições e coletivos (muita gente pode assistir a uma *live* de um psicanalista que admira em que este dialoga com uma comunidade periférica, mas talvez não fosse até a periferia assistir a uma palestra presencial).

O mesmo tipo de problemática, com todos seus conflitos e contradições, aparece no que diz respeito à práxis clínica: os meios online de atendimento ampliaram o acesso à clínica (tanto para analistas como para pacientes), mas trouxeram à cena um outro campo de desafios e armadilhas. É enganoso, por exemplo, supor

---

[7] Por exemplo: instituições psicanalíticas prestigiosas muitas vezes ostentam uma etiqueta implícita que constrange pessoas que não dispõem de peças de vestuário "elegantes o suficiente", ou que não ficam confortáveis no clima de "baile de salão" que caracteriza *coffee breaks* e outras atividades de socialização.

que com os canais online de atendimento clínico a práxis se tornou universalmente acessível – afinal de contas, o acesso à internet de qualidade no Brasil está longe de ser universal e homogêneo, e o acesso à privacidade requerida para um atendimento remoto tampouco será algo trivial para muita gente.

Não caberia, aqui, tentar fazer um mapeamento exaustivo do campo de desafios e questões trazidas à tona pela vida psicanalítica online; tudo que tentei sinalizar foi para o fato de que as transformações no campo dos encontros e da comunidade psicanalítica após a pandemia reposicionou os modos de pactuação, instalação e habitação das fantasmáticas – sem que se possa supor, por isso, que houve algum tipo de exorcismo das contradições que compõem nosso campo. Parece-me que no futuro próximo deveremos estar, nessa medida, confrontados com o desafio de nos apropriar dessa transformação nos modos de implementação da psicanálise, de forma a potencializar seu impacto positivo e nos manter atentos ao risco de que ela apenas acentue problemas e desigualdades (risco sempre presente em situações de crise e transformação, como a história nos ensina).

# 7. O paciente princeps e a formação do analista[1]

## Proposta

É muito frequente que as publicações de clínicos (médicos, psicanalistas, psicólogos) incluam seus pacientes entre os agradecimentos: "agradeço a meus professores, a meus colegas e a meus pacientes", coisas assim (eu mesmo fiz isso, nos agradecimentos deste livro). Frequentemente, inclusive, os pacientes estão em destaque, como na famosa dedicatória "a meus pacientes, que me pagam para me ensinar", que consta do livro *O brincar e a realidade*, de Winnicott (1971).

Estive pensando não exatamente nessa gratidão expressa (essa serviu só para quebrar o gelo e dar um *kickstart* neste nosso

---

[1] Uma versão anterior deste texto foi publicada em Franco, W. (2015). O paciente princeps. In R. A. Lima (Org.); *Clinicidade: a psicanálise entre gerações*. Juruá. Esta nova versão é publicada aqui com autorização.

capítulo), mas no papel instrutivo, formativo, eventualmente pedagógico dos pacientes na trajetória dos clínicos. Pensei nisso, obviamente, a partir de minha experiência, e por isso agradeço a meus pacientes por terem me dado essa ideia.

Aprendi e pensei muita coisa enquanto atendia pacientes. Não acho que tudo que se passou em sessão eu deva ao paciente que estava comigo quando a ideia me ocorreu – como bem o coloca Ogden (1995), as ideias que passam por uma sessão pertencem ao ambiente de pensamento que a sessão proporciona, e não a mim ou ao paciente –, mas tenho claro, por outro lado, que se o paciente não estivesse lá eu não teria aqueles pensamentos. Em resumo: eu não *devo* nada aos pacientes porque não roubei nem tomei nem peguei nada deles, mas reconheço que esse encontro oferece ao clínico pensamentos novos, interessantes e inovadores, que surgem a ele como dom, e nesse aspecto a gratidão faz sentido e tem seu lugar.

Nesse sentido geral e abstrato, todo encontro clínico é formativo e oferece um potencial de pensamento inovativo (*insight*) ao clínico – e isso para além da vida concreta e/ou psíquica do paciente em questão. Pois bem, neste texto quero enfatizar um tipo específico de encontro entre analista e paciente, que assume papel crucial na trajetória formativa do analista: algo que nomeei de "paciente princeps".[2]

A ideia básica subjacente ao que quero discutir é que *o encontro analista-paciente situa o analista em um ambiente psíquico que propicia sua autoanálise, autopercepção e posicionamento subjetivo, de forma que esse encontro ocupa lugar estratégico privilegiado na formação dele enquanto clínico.*

---

[2] Uso essa expressão desde pelo menos 2015, quando foi publicada uma versão anterior deste texto em Lima, 2015. Hoje em dia, tenho dúvidas quanto à precisão da expressão com que nomeio o processo – de qualquer forma, já a uso há tanto tempo que optei por mantê-la aqui.

## Existe paciente princeps?

A expressão "paciente princeps" não é necessariamente referência a um paciente específico: um analista experiente pode não reconhecer ninguém entre seus pacientes que tenha ocupado esse papel, como pode encontrar diversos pacientes que ocuparam fragmentos ou aspectos desse papel (e a figura do paciente princeps para estes seria uma composição imaginária desses vários). Estou me referindo a uma função formativa que opera *necessariamente*, ao que me parece, a partir do encontro do analista em formação com seus pacientes, e acredito que essa função formativa ocorra particularmente em alguns encontros analista-paciente que têm maior "potencial" para isso, mas não me parece necessário que haja um paciente "eleito" paciente princeps de cada analista em formação – um analista pode reconhecer mais de um, ou nenhum, mas parece-me inevitável que a *função* paciente princeps ocorra na interação do clínico em formação com sua práxis clínica. Quando falamos sobre o paciente princeps, portanto, não estamos falando sobre uma pessoa, que é paciente de alguém: falamos sobre a função ou efeito que um encontro clínico tem sobre a trajetória formativa de um psicanalista.

Podemos, para facilitar, frasear a ideia em primeira pessoa: encontrei oportunidades de aprendizado e *insight* em momentos vários, mas alguns encontros específicos me proporcionaram espaço psíquico particularmente favorável ao desenvolvimento de um lugar de escuta, de um estilo clínico e de uma presença no jogo transferencial; organizo essas minhas experiências formativas intraclínicas em torno da figura de um paciente especificamente – o que não significa que ele me ajudou mais ou melhor, mas sim que por meio da relação com ele pude construir um espaço de pensamento clínico em que me reconheço e me sinto à vontade. Acho que teria sido possível, por vicissitudes outras, que eu não organizasse uma imago de paciente princeps em torno de *um* paciente em específico, mas ainda assim tenho claro que a *função* paciente princeps teria sido desempenhada por uma composição qualquer de experiências que marcaram meus primeiros começos na clínica psicanalítica. Quando penso sobre a minha trajetória iniciática na práxis clínica, percebo que o encontro com alguns pacientes (e com um em particular, no meu caso) assume um papel relevante e decisivo.

Podemos dizer, assim, que quando uso a expressão "paciente princeps" me refiro àquele paciente que "abre os olhos" de seu terapeuta para a efetividade da práxis clínica – o que normalmente se dá com alguma dor ou inquietação por parte do terapeuta, considerando a autoridade associada à sua figura e imaginário. Creio que alguma identificação imaginária analista-paciente, ou a sobreposição de significantes estratégicos, ou ainda a concorrência de fenômenos emocionais não simbolizáveis relativamente compatíveis, todos esses aspectos e certamente muitos outros tornam o encontro potencialmente "princeps". Não diria que o paciente, nesses casos, sinta ou sofra nada diretamente associado ao processo (o fato de aquele paciente ser o "paciente princeps" do analista em questão não necessariamente muda alguma coisa para o paciente em si, enquanto pessoa que frequenta aquela análise). Acontece apenas que a apropriação da dinâmica e efetividade da práxis clínica envolve, da parte do analista iniciante, um certo movimento cognitivo, que desloca o pensamento da dimensão consciente e estabelece espaços de pensamento que integram dimensões conscientes a dimensões não conscientes; e é nesse contexto – no aprofundamento do espaço mental de pensamento ocupado pelo analista quando do exercício de sua práxis – que o paciente princeps ocupa papel decisivo, até onde posso ver.

Voltando à pergunta da seção: existe paciente princeps? Prendendo-me à aridez do concreto, diria que é raro ou que dificilmente existe "paciente princeps", assim no singular – ou melhor:

só existe como ficção formativa no *après-coup*, *a posteriori*, e aí eles são vários, talvez haja um paciente a ocupar esse lugar no imaginário de cada analista. Penso em relações como Breuer-Anna O., Freud-Dora, Ferenczi-Elizabeth Severn e por aí seguiríamos: essas todas me parecem relações "princeps", mas não acho que ganhemos nada a partir de jogos de inferência quanto à disposição afetivo-simbólica desses analistas já falecidos.

De qualquer maneira, acho seguro dizer que todo clínico aprendeu e/ou aprende a clínica *na* clínica, e para isso o encontro com os pacientes é formativo. Em resumo: não recomendaria a nenhum clínico que se ponha a refletir "quem será o meu paciente princeps?", porque não acho a coisa produtiva nesses termos, nem muito menos recomendo que o aspirante a analista saia por aí procurando seu paciente princeps; sabemos, no entanto (e isso basta), que a função existe e desempenha seu papel.

Nesse contexto, afirmaria que o paciente princeps pode ser uma imago organizadora de um processo e de uma trama – imago composta e animada por deslocamentos, condensações, construções e fantasia, imago não necessariamente consciente (provavelmente não consciente, por sinal). Assim, o paciente princeps é muito mais uma função de formação ocupando um lugar no imaginário e na vida emocional do analista do que um paciente específico ou um tipo específico de paciente.

## *Vinheta*

Algum tempo atrás (por volta de 2011-2012), estava intensamente envolvido com minha atividade clínica (em consultório e num Centro de Atenção Psicossocial [CAPS]) e na escrita de minha dissertação de mestrado. Havia optado por uma formação psicanalítica sem filiação institucional "monogâmica"; acreditava (e acredito) que os estudos ligados ao mestrado (e, antes dele, ao aprimoramento em saúde mental) configuravam uma parcela "teórica" dessa formação, que era complementada pela análise pessoal, pela supervisão clínica e pela atividade clínica regular (em consultório e em instituição). O episódio que quero relatar retrata exatamente esse ponto de meus pensamentos sobre minha formação e em minha trajetória clínica.

Estava empacado no mestrado. Tinha passado por uma qualificação de meu texto que se mostrou, a médio prazo, angustiante e paralisante. Meus textos, até então, tinham sido considerados "carregados de angústia", "polemistas", "agressivos" e com boas ideias iniciais que eu infelizmente não conseguia desenvolver. Eu entendia que seria importante mudar algo em meu posicionamento intelectual, demorar-me nas leituras, evitar movimentos "impressionistas" e críticas excessivamente ácidas, mas eu simplesmente não conseguia – sentia que meus textos precisavam criticar o conceito de verdade, a metapsicologia de Bion, as adesões ao "winnicottismo", eu simplesmente não via outro caminho: eu me punha a escrever e, quando dava por mim, já estava ali pesando a mão em conceitos bionianos ou no winnicottismo mais ortodoxo.

O objetivo da pesquisa era, nos termos da época, entender por que Winnicott escrevia daquela maneira, e quais determinantes associavam seu estilo ao seu pensamento – mas eu estava travado. No momento que tenho em vista, não conseguia resolver nem vislumbrar resolução para os impasses de minha pesquisa. Meu orientador, na melhor tradição "mestres dos magos", sugeriu, como se não fosse nada, que eu lesse o livro *A angústia da influência*, de Harold Bloom (2002).

O livro teve um impacto forte, ambíguo: achava o texto muito bom, muito interessante, e me sentia inspirado e admirado, ao mesmo tempo que me angustiava e me irritava por ver alguém formulando com tanta clareza os problemas que eu ainda não conseguira nem ao menos divisar no contexto de minha pesquisa. Sentia-me ao mesmo tempo aliviado e castrado – aliviado das inibições e incertezas e hostilidades paranoicas; castrado por não ter conseguido fazer aquilo por minha conta e ter precisado ver alguém fazer "por mim" o que eu mesmo gostaria de ter feito.

Pois bem, nessa mesma época em que lia Harold Bloom, eu estava profundamente incomodado com alguns aspectos de meu trabalho institucional, que me faziam sentir impotente – pela dramaticidade dos problemas vividos pela população atendida, pela inépcia em transpor paralisias e capturas institucionais e pela irritação profunda com a corrupção da administração pública municipal.

Já no consultório eu passava por um processo complexo e delicado em um atendimento específico. Tratava-se de uma paciente que despertava em mim grande dificuldade (física, inclusive) de estar presente: sentia cansaço, sentia sono e não conseguia pensar. Não é objetivo da vinheta apresentar o caso em detalhes – diria sobre o caso apenas que não aparecia no discurso da paciente nenhuma dificuldade ou questão que dissesse da relação com o pai (como se fosse mera indiferença), e que aparecia, no extremo oposto, uma dificuldade imensa de se reconhecer (enquanto sujeito, enquanto sujeito incorporado, enquanto mulher); nas sessões, ela em geral tratava de dificuldades "intermediárias" no relacionamento com colegas de adolescência e na relação cotidiana com figuras femininas e familiares de referência.

No meio desse contexto todo, eu precisei, certo dia, trocar uma lâmpada no consultório em que trabalhava; lâmpada traiçoeiramente instalada sobre uma escada, troca que me impôs movimentos contorcionistas e algum medo de cair – e esse medo me envergonhou, já que eu havia sido escalado para trocar a lâmpada por ser o único homem alto que atendia na clínica naquele dia e que faria o serviço "facilmente".

Essa, enfim, é a montagem da cena (mestrado, instituição, caso clínico em curso e troca de lâmpada).

Nesse dia, cheguei em casa muito cansado, dormi rápida e profundamente. Algumas horas depois acordei sobressaltado, já ia alta a madrugada. Havia tido sonhos estranhos: sonhara com o pai de minha paciente trocando a lâmpada do consultório (enquanto eu a atendia) – saímos do atendimento para verificar a causa dos barulhos no corredor e lá estava ele. Eu estava inquieto diante da cena, pois a escada estava no caminho de saída e eu precisava encontrar meu orientador num bar temático de esportes para falar sobre minha pesquisa. Cheguei ao lugar irritado e atrasado, porque um jogo de *rugby* estava sendo transmitido pela televisão e uma multidão no bar acompanhava a partida aos berros e entulhava o caminho. O orientador, que eu finalmente encontrei, não me escutava, e nem eu a ele, e de fato ele parecia prestar mais atenção ao jogo do que ao que eu dizia. Pedi então, exasperado, se não podíamos ir a algum lugar mais tranquilo. Ele fez que sim com a cabeça, levantou-se e saiu andando; como o bar estava cheio, eu tinha dificuldade em acompanhá-lo, e seguia atrás dele abrindo caminho como podia em meio aos torcedores eufóricos, procurando não o perder de vista (ele, diga-se de passagem, não parecia ter a menor dificuldade para progredir em meio à multidão). Ele saiu do bar por uma porta lateral, cheia de gente, e pôs-se a subir por uma escada sem corrimão, chumbada rente à parede lateral externa do bar, completamente desguarnecida do outro lado – se alguém escorregasse ou caísse, cairia direto até o chão! A escada também estava cheia de gente, descendo e subindo; eu ia como podia, mas era uma quantidade incrível de gente – eventualmente comecei a "apelar", passando por baixo das pernas das pessoas, pulando por cima delas, e sempre com medo de que alguém caísse por descuido meu ou delas. Finalmente cheguei ao fim da escada, que dava acesso a outra entrada lateral ao bar, no andar superior.

Abri a porta e lá estava ele, sentado na sala em que habitualmente ocorriam as reuniões de orientação; ele me vê e sorri. *End scene.*

No instante em que acordei, uma série heteróclita de ideias se fizeram cristalinas a mim (não cheguei a pensar nelas; quando acordei, elas estavam comigo, junto com a lembrança do sonho):

- o fato de a paciente não se referir ao pai e tomá-lo como insignificante não quer dizer, de forma alguma, que ele o é – na realidade, pelo contrário, significa que ele é decisivo como pano de fundo e como condição de possibilidade de todo o resto de sua trama emotiva/familiar, e o colorido emocional ligado a essa relação a marca sem que ela disponha de imagens para lidar com essa afetividade (sim, tive esse *insight* clínico no segundo em que despertei, sem ter sequer pensado muito no assunto antes disso);
- todos os meus textos ácidos e críticos hostilizavam autores ou posições intelectuais que meu orientador valorizava – de forma que eu certamente o estava inconscientemente hostilizando;
- ele certamente percebera isso, mas não sentira necessidade de retrucar, e estava me orientando em busca de uma saída para meus próprios dilemas sem recorrer a interpretações ou exposições;
- o lugar do pai, lugar de garantir a luz (como caminho e como orientação), é um lugar de risco e vulnerabilidade, mas não pela oposição pai-filho, e sim pelo risco da vertigem, pelo risco de perder-se;
- o lugar do pai e o lugar do hostilizado não são opostos estáveis, e não é saindo de um que se chega à outra posição – o caminho à luz não passa pelo combate à sombra;
- já havia algum tempo eu não estava estudando exatamente o estilo de Winnicott – estava estudando *autorização em Winnicott,* mas ainda não tinha me dado conta disso (nesse

cenário Winnicott era, em muitos aspectos, um objeto de identificação meu, de forma que eu estudava por meio de Winnicott a minha própria "autorização");
- minha dificuldade de manter-me vivo e acordado no encontro com a paciente dizia respeito justamente ao trabalho transferencial, remetendo (do ponto de vista dela) ao apagamento do pai e (do meu ponto de vista) à falência psíquica diante da autoridade/autoria;
- o trabalho (tanto com a paciente na clínica quanto com o problema teórico no mestrado) não precisava de um corte de saber-poder, mas sim de uma montagem paradoxal que me desse espaço em meio às referências desnorteantes – eu não precisava superar nem desmontar ninguém, precisava encontrar meu próprio pensamento em meio à presença potencialmente intimidadora e silenciadora das minhas figuras de influência;
- esse movimento não era sequer imaginável para mim do ponto de vista consciente, e eu não conseguiria resolvê-lo "na porrada": precisara perder-me e sentir-me paralisado para que a "solução" não matasse o problema, e para que "meu lugar" clínico-teórico não fosse uma racionalização/intelectualização defensiva. Nesse sentido, aquele período difícil que eu atravessava (eu me sentia bem irritado, triste, confuso e frustrado, naquela época) era também um período de intenso trabalho emocional, uma espécie de travessia.

Infelizmente, precisaria expor a paciente em questão mais do que poderia para tornar toda a cena tão clara quanto gostaria, mas acho que, com o exposto, pode-se entender o que estou tentando apresentar: a questão do paciente princeps não diz respeito ao manejo do caso, mas à maneira como a cena transferencial mobiliza os processos do clínico convocando-o a *usar-se como objeto de trabalho*. Dessa maneira, o lugar (psíquico) que o analista ocupa depende de um processo de formação que mobiliza seus expedientes de formação (supervisão, análise, estudos, instituição, prática clínica), sua vida pessoal e, acima de tudo, sua vida emocional – e o paciente princeps é o propiciador da instalação da "poltrona psíquica" do analista em meio a toda essa mobília, digamos assim.

## Fechamento/abertura

A clínica depende de um grau de envolvimento pessoal insolitamente grande, mas esse envolvimento pessoal se dá de uma forma ambígua e paradoxal. Para que o analista consiga engajar-se sem se perder, é estrategicamente decisivo que alguma vivência clínica ofereça anteparo imaginário e simbólico a fim de que isso aconteça. Parece-me que é sobretudo na experiência clínica que o analista se apropria da teoria, das supervisões e do papel formativo de sua análise pessoal, articulando essas referências heteróclitas em função de uma presença clínica confiável, efetiva e inexoravelmente singular.

# 8. *Marvels*: o analista em formação e sua relação com os superpsicanalistas[1]

## *Introdução*

Existe uma aura um tanto mística em torno da psicanálise. Em algum nível ela parece ligada às profundezas, aos segredos, é uma forma de desvendar coisas que não conhecemos em nós mesmos... todas essas ideias remetem a algo que fascina muita gente, e faz com que a psicanálise, enquanto bem cultural, tenha um "*glow*" todo próprio (um "*glow*" sombrio, meio inquietante, talvez).

Isso aparece, inclusive, na relação da psicanálise com o conhecimento: "Freud explica", como dizem – e isso dá notícia da ideia

---
[1] Uma versão anterior deste capítulo foi publicada em 2018, sob o título "Marvels: superpsicanalistas, autores canônicos e reles mortais", no blog *Errâncias* (http://errancias.com).

segundo a qual a psicanálise seria uma forma particularmente eficiente de produzir e acessar conhecimentos, e isso de uma forma particularmente curiosa e fascinante (essa ideia de um profissional em silêncio, ostentando um olhar penetrante, escutando-o e compreendendo coisas que você mesmo não sabe que está dizendo etc.).

Com essa propensão tão poderosa e convidativa, não é de espantar que haja muito interesse pela psicanálise, e que ela seja, inclusive, um objeto de fascínio entre estudantes de Psicologia ou entre psicólogos recém-formados (população que é bastante exposta à psicanálise, e que imagina a práxis clínica psicanalítica como uma possibilidade de rumo profissional).

Tive a oportunidade de ensinar psicanálise num curso de graduação em Psicologia entre 2013 e 2015, e realmente não me espantei com o interesse, com a perturbação e o deslumbramento dos alunos diante desse fascinante campo inaugurado por Freud. Eu me espantei (e me preocupei) com a forma como o mergulho desses alunos no campo da psicanálise, instigados por esse fascínio, foi ao encontro de um gigantesco maquinário midiático "vendendo" psicanálise nas redes sociais. Fiquei espantado e preocupado com a proliferação de ídolos, ensinos, mestres e palavras de ordem que esses alunos encontraram; com a forma como essa psicanálise, brilhante e espetacular, fascina e, tendo-os fascinado, seduz e, enfim, cativa.

Fiquei e continuo preocupado com isso: entendo que, sendo um trabalho com os limites do que se sabe e do contato com o não saber, a psicanálise pode ser uma arte e um ofício dos mais singelos, reveladores, transformadores, pode ser um trabalho formidavelmente ético e transformador; mas pode também, e pelas mesmas razões, ser justamente o contrário. E tenho percebido que algo difícil e sofrido se passa quando os jovens estudantes de Psicologia ou psicólogos recém-formados deparam-se com essa brilhante e espetacular psicanálise que prolifera pelas redes, livrarias, cursos, escolas, ensinos, todo esse espetáculo da erudição psicanalítica. O que se passa nesse encontro pode ser uma adesão compacta do aprendiz a essa sabedoria toda, ou pode ser uma submissão humilhada e inferiorizada – mas, nos dois casos, trata-se de algo difícil, sofrido e limitante. Em resumo: se é verdade que a psicanálise lida com o não saber, isso *não pode* significar que multidões de interessados, aficionados e aspirantes fiquem encantados e paralisados com o saber psicanalítico que os sabedores da psicanálise ostentam – porque isso seria, em resumo, uma perversão desse não saber, tornado um espetáculo de saber e uma forma de dominação.

Tenho me inquietado particularmente com as consequências dessa dinâmica na vida de pessoas mais vulneráveis: penso, por exemplo, nos egressos dos inúmeros cursos de Psicologia (e outros cursos) que abrem seus consultórios em meio a angústias e inseguranças (e dificuldades financeiras); nos interessados em uma "formação" mergulhados nos sites e panfletos das diversas instituições; nos profissionais clínicos pouco hábeis no *networking* e no *self-marketing*, lutando para manter o consultório vivo. Inquietam-me também, claro, as consequências "do outro lado do divã" (os pacientes), que muitas vezes não sabem a diferença entre psiquiatria e psicologia, ou não imaginam que poderia haver (e há) grande diferença de natureza entre uma análise e um tratamento psicológico não psicanalítico; inquietam-me, por fim, as consequências disso para o mapeamento, a sistematização e a proposição de frentes claras de pesquisa em psicanálise que não sejam tomadas pelas diversas querelas, cisões, jargões e particularidades, fracionando o pensamento sobre a psicanálise.

Este texto é tocado por essas questões e se endereça a elas.

## Marvels

Marvels (Busiek & Ross, 1994) foi lançada como uma série de quatro revistas em quadrinhos, em formato *graphic novel*, em 1994. Narrada do ponto de vista de Phil Sheldon, fotógrafo jornalístico de Nova York, a história retrata o surgimento e as aventuras dos heróis do universo Marvel ao longo dos anos de 1939 a 1974, com a trama centrada em Nova York (onde vive o protagonista Phil Sheldon e boa parte dos heróis que compõem o universo ficcional contemplado pelas produções da Marvel Comics: Demolidor, Homem-Aranha, Quarteto Fantástico, Justiceiro e tantos outros). Os heróis são chamados na série de *Marvels* (Maravilhas), por conta do deslumbramento dos civis diante deles. Um dos aspectos interessantes é que Phil Sheldon, o narrador, se vê fascinado e perplexo diante dos fenômenos extraordinários que se desenrolam e se pega ponderando alternadamente as posições de seus colegas humanos mais entusiásticos, que adoram e admiram as maravilhas, e as posições dos críticos, que se irritam com as maravilhas, sua destrutividade e indiferença às leis e à vida dos cidadãos comuns. Sheldon, sem se decidir por uma postura pró ou antimaravilhas, faz de certa forma a função do "cético benevolente" freudiano: pondera, se inquieta, tenta entender conforme pode. A grande diferença entre o ceticismo benevolente de Sheldon e do interlocutor de Freud em "Análise leiga" é que, no caso de Sheldon, ele é obrigado a pensar sozinho: as maravilhas não descem ao asfalto para discutir com ele (nem com ninguém).

A série me cativou muito quando a li, entre outras coisas, porque nunca tinha pensado nas coisas por esse ponto de vista: você lê os quadrinhos e vai acompanhando as desventuras do super-herói voando entre os prédios, apanhando de supervilões e batendo neles, salvando o mundo etc., e nunca imagina como deve ser caótica a vida do povo lá embaixo enquanto tenta ir ao trabalho, pagar as contas e cuidar da própria vida, tendo que lidar com o risco de ser transformado em sapo, tendo que fugir de alienígenas e preocupado com a chance de um super-herói, arremessado por um supervilão, destruir sua casa. Nunca tinha pensado nisso – até ler *Marvels*.

Proponho pensar sobre os pontos que elenquei no início desse capítulo apoiados pelo imaginário de *Marvels*; ou seja: proponho uma reflexão sobre os deslumbramentos, encantamentos e fascinações da psicanálise. Quero tentar entender como os "maravilhosos" debates encetados por intelectuais e grandes personalidades da cena psicanalítica organizam alguma coisa, e cumprem uma certa função, mas nos afastam de algo, tornando as coisas menos claras e mais complicadas. Se os heróis são ídolos inacessíveis, eles paralisam seus admiradores em uma posição de submissão ou (talvez pior) imitação cega – e com isso eles podem acabar quebrando algumas coisas (e pessoas) pelo caminho.

## *Deslumbramentos*

Tenho um hábito, quase um vício, de circular *entre* territórios, e por isso tenho certa evitação fóbica à perspectiva de ser etiquetado, mas fui me habituando à ideia de que a psicanálise é, de alguma maneira, meu lugar: sou psicanalista. Mais que isso, fui percebendo que sou um tipo específico de psicanalista – o tipo que estabeleceu a universidade como ponto de referência, circulando entre instituições, centros de formação e experiências de transmissão, renunciando por causa disso à necessidade de se vincular a um lugar ou a outro (além da universidade). Parece-me claro, hoje, que pudemos fazer isso (eu e os demais psicanalistas com essa trajetória) porque tivemos a guarida da universidade, de onde tirávamos grupos de amigos, redes de confiança, experiências de gratificação, redes de encaminhamento de pacientes e tudo o mais que se faz necessário na vida de um psicanalista. Um psicanalista nunca se sustenta sozinho, mesmo que se considere "independente": ele sempre se instala em alguma forma de comunidade ou campo de referência e pertencimento, mesmo que ele não o perceba ou reconheça.

Foi a partir desse lugar – de psicanalista fortemente vinculado à universidade – que passei a me interessar pela problemática das filiações. Como bom filho da Universidade de São Paulo (USP), em pouco tempo senti-me habilitado a criticar as limitações e a apontar os problemas dos grupos que conhecia – desde a famigerada IPA, passando pelos grupos lacanianos, winnicottianos e quaisquer outros: tudo que me passasse pela vista era em algum lugar ou medida reacionário, limitante, incoerente, inconsistente, aprisionante ou alguma outra coisa. É claro que, em meu raciocínio, não era a USP que me dava a chancela para esse tipo de comportamento: era a fineza e agudeza de meu próprio pensamento crítico, que divisava com seu poder de raio X os pontos fracos de tudo que eu visse. Não estou falando dessas coisas (só) por algum pendor ao autoflagelo ou martírio, nem por algum tipo de expectativa de redenção: mas porque entendo que não fui, e não sou, o único que passou e passa por isso. É difícil ser alguém, e particularmente difícil ser alguém enquanto somos torpedeados por alguéns que são superalguéns.

É difícil conviver com a demanda de ser mais que os alguéns que somos; parece-me frequente que nos erijamos, com fantasia e tudo, em superalguéns, na busca por respiro, luz e vida – mas isso, claro, só retroalimenta o ciclo, colocando uma nova geração de "superalguéns" para fazer sombra na vida dos demais. Isso não é exclusividade da USP, mas é relativamente comum por lá, onde convivemos com o imaginário e o peso da instituição criada para ser o berço da elite intelectual do país.

Um bom nome para isso é arrogância, evidentemente; mas há mais em jogo, até onde posso ver. Isso porque essa dinâmica vai fazendo com que, aos poucos, esses "supercríticos" aos poucos se ergam acima dos qualquer-uns, acreditando que estão entendendo o que vai realmente mal com o mundo, onde realmente estão os supervilões, e o que é possível (necessário, segundo o olhar deles/ nós) fazer para salvar o mundo. Visões de raio X passam a ser usadas para ler as entranhas das pessoas e das instituições, para penetrar seus segredos e histórias, diagnosticar sua situação e vaticinar o que tem que ser feito. Esses super-heróis, do alto de suas superformações e usando seus superpoderes, vão entendendo e revolucionando e salvando o mundo, seguidamente, sem se surpreender (ou mesmo perceber) que na prática o mundo não está sendo salvo: diversas vezes ao longo da série *Marvels* vemos que, quando os super-heróis terminam seus heroísmos, o que resta não é bem o alívio por ter sido salvos; é também, e sobretudo, uma pilha de escombros, casas destruídas, carros pegando fogo, há gente assustada e machucada nas calçadas e ambulâncias. Os super-heróis, no entanto, já tendo supersalvado o mundo com sucesso, não se envolvem muito com esses "pequenos inconvenientes" que geraram, e saem voando, felizes e contentes consigo mesmos por todo o bem que fizeram aos reles mortais lá embaixo.

## *Fascinações*

Uma das coisas difíceis nessa situação é que dela não se pode deduzir que simplesmente não queremos mais super-heróis, prontificando-nos então a destituí-los de seus superlugares. Phil Sheldon, protagonista da série em quadrinhos, se depara com esse imbróglio mental diversas vezes: por mais que os humanos se desesperem e se revoltem com a situação, por mais que queiram recriminar os super-heróis e tirá-los de cena, eles simplesmente não conseguem. Pior que isso, eles devem lidar com a sensação de que se os super-heróis não tivessem estado ali a coisa teria sido pior – além dos escombros e casas e carros e fogo e pessoas sangrando, talvez algum extraterrestre ou supervilão tivesse destruído a vida na Terra, estabelecido um regime de opressão e caos etc.

Pode-se, é claro, supor que se os super-heróis não tivessem aparecido para começo de conversa, talvez não tivesse havido ET e supervilões, mas o que se ganha com esse tipo de ilação? Uma vez que os super-heróis foram vistos, e foram vistos por algumas pessoas como super-heróis, e uma vez que se estabeleceu como "fato" que os super-heróis são os indicados para repelir alienígenas e supervilões, há de se lidar com isso – e qualquer tentativa de enfrentar a sujeira e os inconvenientes que os super-heróis promovem tem de incluir esses "fatos" no cálculo. Há de se lidar, portanto, com o duro e injusto fato de que esses superseres, com seus superpoderes e sua superpresunção, estão lá, e fazem o que é preciso, e parece que não há como criar um mundo onde isso não seja mais feito.

Esses problemas, ligados aos superseres e os superinconvenientes derivados do fato de eles existirem, transcende o campo dos caras brancos voadores em seus *collants* brilhantes. Os dilemas corporativo/teórico/clínicos da psicanálise, por exemplo, e particularmente no que diz respeito ao papel dos autores canônicos na organização da psicanálise, remonta a esse superimbróglio – porque também no contexto dos autores canônicos nós olhamos para cima em busca de nossos super-heróis, entendendo que eles organizam nossas vidas e garantem que estamos sãos e salvos em nossos consultórios, protegidos sob seus olhares vigilantes. Entendemos que esses super-heróis – que, em nosso entendimento, não são gente como a gente – são necessários, incontornáveis e inevitáveis para que haja dia a dia e segurança em nossas práticas clínicas.

Contudo, há dois pontos distintos aqui, relativamente autônomos entre si, mas interagindo dinamicamente: um deles diz respeito aos "superpsicanalistas", outro, aos autores canônicos. Distingamos: autores canônicos são aqueles que desenvolveram um sistema de pensamento psicanalítico, sob os quais podemos nos colocar em busca de segurança teórica, técnica e clínica em nossos cotidianos: Freuds, Kleins, Lacans e Winnicotts; além deles há os "superpsicanalistas", que são os grandes nomes da psicanálise, celebridades de nossos meios, fazendo intervenções retumbantes em eventos, aulas, cursos de formação e redes sociais (não vou citar nomes para não me enfiar em superenrascadas, mas tenho certeza de que você vai conseguir pensar em alguns). Até onde posso ver, todo autor canônico foi, em maior ou menor medida, um "superpsicanalista" em seu tempo e meio, mas a recíproca não é verdadeira: houve e há "superpsicanalistas" que não foram e/ou não serão canonizados.

Há um ponto importante de superposição desses temas, no entanto, que é necessário (ainda que brevemente) abordar aqui: o papel dos "superpsicanalistas" na eternização do lugar dos autores canônicos na organização do debate. Dito de outro modo, há um virtual consenso tácito a respeito da necessidade de que a formação se arvore sob os auspícios de um autor canônico específico: você há de ser winnicottiano, ou lacaniano, ou freudiano, ou kleiniano, ou bioniano etc. Segundo esse virtual consenso tácito, não adscrever a um autor canônico é ser eclético, e isso ou é temerário, ou é charlatanismo puro e simples. Infelizmente precisamos considerar a hipótese de que os superpsicanalistas queiram não só salvar o mundo e os reles mortais, mas queiram também propalar e favorecer os autores canônicos a que se vinculam. Com isso encontramos um grande problema, que é o jogo de intrigas e disputas que os superpsicanalistas estabelecem entre si. Além de um tanto triste, esse é também um problema imenso, já que os "reles mortais" da psicanálise acabam aprisionados numa batalha épica que é, no fundo, uma batalha de vaidades e interesses, e isso certamente prejudica sua possibilidade de pensar a práxis psicanalítica bacana que elas querem poder fazer.

## Encantamentos

Dizíamos então que os reles mortais, na luta para sobreviver ao dia a dia, precisam encontrar uma maneira de lidar com o fato de que os super-heróis estão aí, e com eles as superlutas e os superacontecimentos. As "pessoas normais" no mundo psicanalítico, igualmente, têm de achar uma forma de viver – e encontram: vão compondo suas alianças, pensando sobre suas rotinas, tentando acompanhar conforme podem o que acontece sobre suas cabeças, nas lutas que tomam os céus, e torcem ou rezam para que nenhum gigante lhes caia sobre a cabeça. E assim seguem os dias no mundo maravilhoso-psicanalítico: as pessoas estudam, entendem, estabelecem suas alianças e tentam manter tudo em ordem – tentam manter seus consultórios em atividade, seus casos em andamento, sua respeitabilidade mais ou menos cuidada e, se possível, progredindo. Os inúmeros Phil Sheldon da psicanálise (ou seja, psicanalistas sem propensão ao super-heroísmo) eventualmente se protegem sob a sombra de algum super-herói, elegendo por derivação um autor canônico, e torcem para que isso os proteja: sob Lacan, ou sob Winnicott, ou sob Bion ou quem for, a psicanálise nossa de cada dia luta para se justificar, para ser razoável e efetiva, para se manter viva e funcionando.

Muitos de nós, no mundo maravilhoso-psicanalítico, se encontram na imensa zona cinzenta entre a mundanidade mais acachapante e o super-heroísmo mais olímpico: nem Sheldon nem Thor, estamos tentando assimilar como pudemos entender o que entendemos e fazer o que fazemos, estamos tentando dimensionar nossos poderes, manter algum tipo de coerência quanto a quem somos. É claro que na prática somos todos Phil Sheldon, mas confiamos em nossas redes e alianças e vamos tentando nos desvencilhar da adesão mais fóbica às questões imediatas da sobrevivência, olhando para cima e interpelar os superseres e os superacontecimentos.

A maioria de nós, no entanto (e ao mesmo tempo), luta para manter-se na ativa e entender, sem ser obliterado, o estranho mundo em que vivemos – e nessa situação não há espaço, evidentemente, para verbalizar inquietações quanto à razoabilidade, robustez, coerência, eficiência ou o que seja: uma vez tendo encontrado seu cantinho, ajeite-se nele e não reclame, assim soa o mantra nunca dito, mas amplamente reverberante no meio. Para a maioria de nós, não se trata de "encaixar-se" plenamente entre heróis ou mortais: estamos na luta para sobreviver ao mesmo tempo que lutamos para dar nossos primeiros pequenos "voos de galinha"; por mais que não haja pretensão ao "superpsicanalismo", há sempre a luta para desprender-se da cotidianidade mais tacanha e sentir-se, num momento de glória, seguro de si e de seu papel no mundo.

No meio universitário, de onde venho, é relativamente comum que haja cidadãos pouco acomodados à sua não super-heroicidade (como eu): pensativos, questionadores, cheios de ideias e de vontade de dar voz e visibilidade a elas. Aprendemos a fazer isso de forma a sustentar certa aura de respeitabilidade (aura que estou levando aos limites aqui, com as piadas e o imaginário adolescente) – falando como universitários, mantemo-nos dentro de um horizonte de tolerância maior.

Psicanalistas de outras procedências, como os egressos de cursos de Psicologia menos renomados e elitizados, cursos de instituições de pequeno porte de formação em psicanálise e alguns outros, não têm essa chance: se arriscassem escrever um texto como este que o estimado leitor tem em mãos, seriam proscritos ou, com sorte, desprezados. Por mais que tenham suas dúvidas, tomam-nas como índice da incompletude de sua formação, da limitação de seus conhecimentos, da estreiteza de sua experiência. Esses são, até onde entendo, a vasta maioria de nossa categoria, ao menos no minimundo que é a São Paulo que eu conheço e onde trabalho.

Em outras paragens há ainda os recém-ingressos em sociedades mais tradicionais e/ou fortes de formação, e nesses casos a luta é justamente para "pensar como se deve", evitando ler, entender ou criar gosto por autores e pensadores não sancionados. Pode ser que eles aprendam com facilidade e passem a olhar apenas em direção aos autores canônicos e aos superpsicanalistas chancelados pela instituição – e acredito que isso tenha um custo no sentido de inibir pensamento criativo e mesmo de suscitar um pensamento normativo e restrito; pode ser também que tenham que se disciplinar a todo momento, preocupados com eventuais retaliações, proscrições ou julgamentos por parte de seus pares.

Um pouco mais além em direção ao mármore e às grandes colinas, encontramos ainda outras formas de relacionamento com as maravilhas: professores doutores e líderes de movimento, promovendo suas releituras e seus questionamentos, suas novas formas de ver, suas renovações. Mais uma vez, no entanto, as maravilhas tomam a cena, e aos humanos resta apenas o maravilhamento, conforme nos damos conta de que estamos assistindo não à cotidianidade de um psicanalista tentando pensar sobre o que faz (e fazemos todos), mas sim ao lento e inexorável esparramamento dos ramos da psicanálise e da sombra que eles geram.

## *Desafios*

Já me disseram (pessoas diferentes, em ocasiões diferentes) que sou rebelde, que tenho propensão à bastardia e uma verve polemista. Já não nego nem tento evitar isso, mas espero que o leitor entenda o que estou mirando aqui: não escrevi este texto como um grito de guerra contra as maravilhas e os superpsicanalistas – escrevi este texto como um convite à reflexão e à responsabilização pelos efeitos que as superaventuras causam ali no rés do chão (que é onde vive a maior parte das pessoas).

Quero que possamos refletir sobre o que se passa nos consultórios: quem somos, como pensamos, quem atendemos e como. Essa reflexão não nega as reflexões sobre a matriz clínico-teórica de um ou alguns autores canônicos, nem sobre as tantas questões tão importantes nas discussões de cada subcomunidade psicanalítica num dado tempo e meio – mas essas discussões em geral tomam os céus do pensamento teórico-clínico, das políticas institucionais, dos jogos de poder e da filosofia da psicanálise, e continuam por isso fundamentalmente estranhas às questões com que o psicanalista clínico médio se defronta no cotidiano de sua formação, de seu pensamento clínico e de sua práxis.

Acho que as instituições de formação podem pensar a si mesmas, e formalizar suas práticas, podem inclusive normalizar com relativa precisão a práxis de suas "crias" (elas normalmente não se dispõem a isso, e não acho mesmo que deveriam), mas acho que elas não sentem necessidade de fazer nada disso, se contentando em manter seus negócios em ordem, e isso deixa muita gente muito angustiada e perdida em meio às prescrições e espetáculos pirotécnicos dos grandes psicanalistas que brilham em nossos vastos céus. E isso, note-se, vale para instituições lacanianas ou de outros "ismos", vinculadas à IPA ou a centros universitários, grandes ou pequenos. Não pretendo (que fique claro!) fazer nenhum clamor à normalização, mas a situação parece digna de nota, na medida em que assume grandes proporções e tem sido notavelmente pouco pensada nos termos que estou propondo aqui, ou seja: no desamparo e no impacto que assola uma multidão de psicanalistas e aspirantes a psicanalistas que, por incrível que pareça, não nasceram em Krypton ou Asgard ou em algum outro berço esplêndido. Ao deixarmos essas questões fora de foco, acabamos compactuando com a proliferação de cursos de qualidade duvidosa que vão "coletando" desavisados nas malhas do Google e do Instagram (desavisados que muitas vezes empenham um dinheiro que não têm, para ter acesso a um curso ruim, que vai resolver 0% das questões que urgem em termos de suas carreiras).

A questão, portanto e uma vez mais, não é a normalização, mas a sustentação de um esforço para compreender o que acontece quando uma pessoa normal se dispõe a fazer psicanálise. Isso não significa "simplificar" ou "estupidificar" ou "protocolar" ou (pela milésima vez) normalizar a psicanálise, mas simplesmente olhar com atenção e cuidado para as perguntas relativamente simples que Phil Sheldon nos faz: afinal, que *cazzo* é psicanálise? O que acontece "na cabeça" de alguém quando esse alguém faz psicanálise? Como podemos minimamente nos situar em meio a essa imensidão de textos e autores e regras e "pilares fundamentais" e escolas e teorias da técnica etc.?

# Parte 3
Por uma psicanálise pertinente à situação brasileira (questões ligadas à psicanálise enquanto comunidade e movimento)

# 9. Um enorme passado pela frente: nosso Brasil e a psicanálise

*Apresentação*

Os textos que compõem esta última parte do livro se propõem a pensar o Brasil e a psicanálise que nos interessa cá no Brasil. Não sou um especialista no tema, mas tenho tentado entender alguma coisa sobre nosso país, e, nesse sentido, venho estudando, conforme posso, alguma coisa do legado dos estudiosos do tema: os "pensadores do Brasil" mais consagrados, como Buarque de Holanda, Freyre, Ribeiro, Prado Júnior e Faoro, mais alguma coisa de história, teoria política etc. Não estudo para me tornar especialista, mas porque a conjuntura impôs, a cidadania sugere, o ofício recomenda e meu próprio passado acabou me interpelando nesse sentido.

Neste capítulo, tento deixar claros os motivos por que a comunidade psicanalítica deve compreender os modos de constituição e consolidação do espaço mental habitado pelo psicanalista ao exercer sua práxis. O ponto, em resumo, é simples: a bagagem cultural primária, as bagagens formais primária e secundária, as tramas familiares e afetivas, o caldo imaginário em meio ao qual o sujeito se desenvolve... tudo, no Brasil, é atravessado por um legado bastante peculiar, que aqui chamo de "pacto marrano". No meu entendimento, esse legado precisa ser devidamente percebido e compreendido para que um psicanalista, quem quer que ele seja, consiga desempenhar seu ofício sem pressupor, naturalizar ou compactuar com violências históricas que estão entranhadas em nossa trama social.

## Derrida e a fidelidade marrana

Apesar dos tais estudos sobre o Brasil que tenho feito, uma das coisas que tem sido mais instrumental em meu intuito de pensar o Brasil é uma categoria que tomo emprestado de um campo alheio: trata-se da noção de "marranos". Para quem não conhece, marranos seriam (são) aqueles judeus proibidos de professar sua religiosidade, mas que preservaram um vínculo íntimo, por vezes secreto, com sua judeidade e com o judaísmo. Muitos dos chamados "cristãos novos", convertidos por pressão dos governos católicos, se tornaram judeus marranos.

Em breve explico por que o conceito de marrano me ajuda a pensar o Brasil – antes queria explicar como eu mesmo travei contato com o conceito. Foi (como tantas vezes em minha trajetória intelectual) lateralmente: Jacques Derrida, um filósofo que admiro, menciona os marranos num trecho decisivo seu sobre a relação dos especialistas com seus autores de referência (tema que me interessa bastante) (Derrida, 2007). Ele falava, no caso, sobre marxistas e sua relação com Marx, e problematizava o tipo de herança "possessiva" ou arrogante que muitas vezes acaba se impondo: o marxista que fala "em nome" de Marx, ou que "usa" sua vinculação a Marx como uma espécie de "carteirada" intelectual. O entendimento de Derrida é que isso não é bom – pode ser instrumental e oportuno para a pessoa que lança mão desse recurso de poder, mas não é bom para seu desenvolvimento analítico ou conceitual nem é bom para o desenvolvimento do legado do autor usado ali como "padrinho".

Derrida então sugere que algum grau de "esquecimento" do autor de referência é necessário para que seja possível fazer justiça ao legado que ele deixa conosco – afinal, para levar o legado adiante, precisamos, nós mesmos, seguir adiante: o legado não tem como seguir à nossa frente ou caminhar sozinho, de forma que há um trabalho que compete a nós, e não ao legado. Há um grau de paradoxo em jogo aqui, claro: conseguir esquecer é, em alguma medida, um passo necessário para fazer justiça ao nome, mas, para que esse esquecimento seja eficiente nesse sentido, é preciso que seja um gesto na direção da justa rememoração, e não do simples apagamento. Esquecer, digamos assim, na medida certa. Esquecer para lembrar com a devida justiça.

Talvez isso fique mais claro se aplicarmos a mesma ideia ao papel de Freud entre os freudianos, já que funciona de forma semelhante: para "honrar" nosso estudo de Freud, precisamos poder conhecer (obviamente), e de perto (no sentido de desenvolver intimidade e apropriação), mas isso só vai fazer diferença se pudermos incorporar, no sentido de ter conosco, e nesse ponto entra o trabalho do esquecimento como condição para que se faça justiça ao legado. Um freudiano que fica arrotando jargão e citações e que se amarra ao campo estrito da repetição de ideias textualmente formuladas por Freud ajuda muito pouco a manter Freud e o legado freudiano vivos naquilo em que isso importa.

Pois bem, é justamente nesse sentido que Derrida acaba falando, nesse texto que citei, dos tais dos marranos (como mencionei, ele está falando sobre o legado de Marx):

*E se supuséssemos que não apenas Espinoza, mas o próprio Marx, Marx o ontologista liberto, fosse um marrano? Uma espécie de imigrante clandestino, um hispano-português disfarçado de judeu alemão que, suponhamos, fingisse ter se convertido ao protestantismo, e mesmo ser um pouquinho antissemita? Que tal? Podemos até incluir que os filhos de Karl não sabem nada sobre o assunto, nem suas filhas. E por fim, adicionemos uma derradeira pirueta: eles seriam marranos tão bem disfarçados, tão perfeitamente encriptados, que eles mesmo nem suspeitam que é isso que eles são! Ou então eles se esqueceram do fato de serem marranos, reprimiram isso, desautorizaram o fato. Sabemos que isso acontece com marranos "de verdade", aqueles que, apesar de ser realmente, presentemente, correntemente, efetivamente, ontologicamente marranos, já não o sabem eles mesmos.* (Derrida, 2007, p. 262)

Aproveito para sinalizar que, um tempo depois, ainda impactado pela leitura desses textos de Derrida, encontrei um livro de Nathan Wachtel chamado *A fé na lembrança: labirintos marranos* (Wachtel, 2009), um livro que relata como exatamente isso acontece aqui mesmo, no Brasil: Wachtel encontrou algumas comunidades ali no interior do Rio de Janeiro que celebram algumas festividades "católicas" que não têm relação nenhuma com os dogmas, a tradição ou o cânone católico, mas são remanescentes bastante nítidos de práticas judaicas antigas que teriam permanecido incrustadas na celebração deles – de forma que seu catolicismo comporta um tanto de judaísmo, sem que eles mesmos tenham qualquer notícia do fato. A provocação de Derrida no texto que mencionei é que essa forma de apropriação dá notícia de uma forma de fidelidade mais interessante do que aquela dos especialistas que se arrogam o lugar de fiscais de correção ou incorreção no uso de um autor (ideia que ele desenvolve em comparação com a fé dos marranos no que diz respeito à sua "lealdade" ao judaísmo).

## A fidelidade marrana à violência no Brasil

Entretanto, como sinalizei, o nosso interesse principal aqui não é essa problemática da apropriação autoral e fidelidade referencial – questão de que já tratamos nos Capítulos 3 e 8 deste livro, como o leitor deve lembrar. O que proponho, aqui, é que esse tropo do marranismo pode nos ajudar a compreender o Brasil.

Como? Bom, podemos começar por uma constatação básica: a trajetória de nossa civilidade brasileira é marcada por muita disputa pela história, muito apagamento, muito negacionismo, muito verniz, maquiagem e denegação, de forma que compreender as dinâmicas do esquecimento e a insistência do esquecido em nossas vidas pode ajudar a compreender quem somos e como vivemos.

Não há comunidade humana que não comporte algum grau de violência em sua história, claro – mas cada comunidade humana contará com um percurso singular, e singulares serão também as violências que caracterizam sua história e seu devir. Algumas dessas violências estarão explícitas e evidentes para quem quiser ver, mas algumas outras podem ser mais sorrateiras, silenciosas, confidenciais – e essas últimas acabam tendo um certo efeito de articulação da comunidade, como se fosse um pacto silencioso. A isso quero chamar *fidelidade marrana comunitária*.

Para compreender esse ponto, precisamos situar o marranismo para além de qualquer valoração intrínseca positiva ou negativa. Ou seja: proponho chamar de marranismo toda forma de profissão de fé ou pertencimento que se organize de forma silenciosa, reprimida ou apagada e que interfira na maneira como um determinado campo cultural é reconhecido; o marranismo, nesses termos, pode impactar de maneiras muito variadas o campo cultural em questão, podendo ser positivo ou negativo, útil ou inútil, eficaz ou ineficaz – tudo a depender da ocasião, da dinâmica e dos interesses empenhados na questão.

Isso dito, voltemos à história do Brasil. Existe uma dinâmica recorrente em nosso país que faz com que as violências e traumatismos sejam negados, diminuídos ou soterrados, fazendo com que um tanto do que caracteriza nossa história seja excluído do que aceitamos como nossa história. É comum dizerem, por exemplo, que nosso país é pacífico, que nunca esteve numa guerra – coisa que é francamente falsa, se pensarmos na Guerra do Paraguai, na suposta "guerra justa" contra povos originários e nas diversas guerras civis regionais e nacionais (declaradas e não declaradas). Mesmo o hino da Proclamação da República, vocês devem lembrar, diz que "Nós nem cremos que escravos outrora/tenha havido em tão nobre País" – isso sendo orgulhosamente cantado em 1890, nem dois anos após a abolição oficial da escravidão! De fato, uma das coisas que parecem caracterizar nosso país e nossa forma de interagir com ele é essa capacidade de esquecer e "descrer".

Essa capacidade de desver e desperceber, por sinal, nem está restrita ao campo da visão histórica ou do país enquanto abstração: é famosa a habilidade particular dos brasileiros em "desconhecer" as violências com que nos deparamos cotidianamente, habilidade que tanto espanta os estrangeiros em visita a São Paulo ou ao Rio de Janeiro: as mortes nas favelas, a população na rua, as pessoas em condições indignas... a gente vê, mas meio que não vê; sofre, mas meio que não sofre; repara, mas meio que não repara.

Trago isso como uma manifestação cotidiana dessa fidelidade marrana à violência que nos une; uma psicopatologia da vida cotidiana brasileira. A psicanálise nos ensina, por sinal, que as violências que agem para além de nossa consciência em geral são mais atrozes em seus efeitos do que aquelas que percebemos, para as quais nos preparamos e/ou com as quais podemos nos haver de forma deliberada: o traumatismo psíquico, no fim das contas, envolve em grande medida essas violências desmentidas, despercebidas, abruptas, que traem nossas intimidades e pontos de apoio.[1]

Agora... se essa capacidade de desver e desperceber são tomadas como uma espécie de marranismo cotidiano, isso significaria "fidelidade" a quê? Que tipo de "fé" estaria subjacente a nossas práticas, secretamente praticada?

Bom: acredito que desvemos e despercebemos em função de nossa fidelidade marrana a uma forma específica de violência, uma violência que funda, atravessa e determina nosso país: a violência que toma como epicentro um modelo patriarcal, coronelista e escravista de poder. Estou dizendo, então, que existe no Brasil uma fidelidade marrana bastante disseminada, que funciona como uma espécie de cimento social, e que "celebra" um vínculo escravista, coronelista e patriarcal; acredito que, queiramos ou não, assumamos ou não, concordemos ou não, saibamos ou não, somos atravessados por isso – é uma herança que interpela a todos, e que justamente nesta medida e por este motivo, tragicamente, nos une.

---

[1] Há uma boa análise sobre essa dinâmica do traumatismo na Parte II de Endo (2005) – que, por sinal, aborda de maneira igualmente instrutiva a dinâmica da violência na cidade de São Paulo.

Estamos, como diz Ailton Krenak,[2] em guerra, e isso há mais de 500 anos; não é exatamente uma guerra civil (já que, por exemplo, os povos originários em muitos contextos não são tratados como cidadãos, e um tanto dessa hostilidade imagina uma "segurança nacional" que expulsa essa população do campo nacional), mas também não é uma guerra entre nações (já que, por exemplo, essa é uma guerra intestina, entre elementos fundantes de uma só nação, dentro de seu próprio território, em termos de suas próprias diferenças e hostilidades internas).[3] Um dos principais problemas dessa "guerra", então, é que não é uma guerra organizada dentro dos moldes tradicionais: não é uma guerra com um código de guerra, com rituais e regras e parâmetros. Não: é guerra no sentido de ser um estado sustentado de tensão e violência, mas é pior que uma guerra no sentido de que essa violência não se faz ver, não se organiza. Para alguns ela está bastante evidente, claro: indigenistas que são assassinados a "veem" com clareza, assim como negros e mulheres e indígenas e pobres que são agredidos sistemática e impunemente – eles no mais das vezes não têm dificuldade em "ver" a violência em curso.

Mas ainda assim... ainda assim, existe o risco de eles verem a violência que transborda e cai sobre suas cabeças, sem que isso necessariamente signifique que o estado de guerra se fez visível

---

[2] No primeiro episódio da série documental *Guerras do Brasil.doc* (2019), veiculado pela Netflix, Ailton Krenak afirma que vivemos em um país que está em guerra civil desde antes de sua fundação – desde que os europeus aportaram por aqui; o que existe, nesse sentido, é uma guerra dos invasores (os europeus que proclamaram o Brasil e estabeleceram seu projeto de assentamento e colonização) e os povos originários, que passaram a ser tratados como indesejados e foram hostilizados, constrangidos, aprisionados, escravizados, mortos etc.

[3] Usei "exemplos" nos parênteses porque a discussão acerca do caráter legal, geopolítico e sociológico dessa "guerra" seria complexa e profunda, e extrapolaria em muito as condições de que dispomos neste texto e livro. Ainda assim, quis sinalizar ao leitor algo acerca da peculiaridade dessa "guerra fundante".

enquanto mecanismo, enquanto estruturante. Aqui encontramos, de novo, um paradoxo, um estado de coisas paradoxal: um estado em que tantos e tantos brasileiros sofrem uma violência que, no entanto, não se faz ver, se mantém insidiosamente esquecida. Como se você fosse esbofeteado por algo ou alguém que você não enxerga – você está vivendo sua vida e de repente "plaf!", toma um tapão; isso acontece de novo e de novo, e por mais que você aprenda a ver padrões, estabelecer teorias a respeito e tentar se antecipar e se proteger, no fundo você está sempre vulnerável, porque nunca interage de fato com o safado que vira e mexe o atinge.

E, para além disso, temos uma complicação que me parece o principal problema dessa "guerra": ela é precondição para a própria ideia de Brasil. Quando se começa a falar em uma colônia e, muito depois, fala em um país, essa violência já está profundamente estabelecida no território e no imaginário local; hostilidade que marca as relações entre homens e mulheres, entre uns e outros projetos de "colonização", entre o interior e o litoral, entre a cidade e o campo... tantas violências, encampadas como tela de fundo do que viria, um dia, a ser o tal Brasil.

## Tipologia das violências fundantes do pacto civil brasileiro

Isso tudo, como mencionei, é preliminar à lógica de uma violência marrana a que o brasileiro é desconhecidamente fiel. A gente vive assim desde que nasce, acaba encontrando com ela em diversos registros de nossas vidas e, no fim das contas, vive uma vida que envolve uma espécie de devoção inconsciente à violência. Isso acontece, no mais das vezes e como eu já disse, fora de nossas próprias vistas: acontece na forma como nossa *linguagem* funciona, porque o português brasileiro é cheio de pequenas violências; isso acontece na forma como contamos nossas *histórias de vida*, porque inserimos nossas narrativas e trajetórias num tecido social e de sentido que é inteiro violento; isso acontece na forma como contamos as *histórias de nossas famílias*, porque elas interpelam as violências que atravessam as *histórias de nosso país*; acontece, ainda, na forma como olhamos para a história de nossas *instituições e do próprio país*, já que todas as violências dessa longa guerra deixam suas marcas aí também. Em todos esses níveis encontramos violências – muitas delas a gente pode conhecer, enfrentar, circunstanciar, elaborar etc., mas a minha percepção é que em grossa medida elas insistem em existir para além de nossas vistas, como se elas se proliferassem, famílias e famílias de violências subterrâneas, marranas.

É próprio do tema que não possamos trazer exemplos adequados – afinal, se eles não são vistos, não tenho muito como desenhá-los ou circunscrevê-los aqui. Porém, posso sinalizar a coisas que talvez deem uma dimensão genérica sobre o tema, e a forma como suponho que isso nos interpele e defina. Vou retomar, então, os níveis de violência a que me referi agora há pouco, numa espécie de tipologia dos níveis de violência que atravessam o nosso ser-aí--brasileiro-para-a-morte-uns-dos-outros-e-uns-com-os-outros.

*Violência da linguagem*

O primeiro "tipo" de violência que mencionei foi a violência na linguagem. Comecemos pelo básico: o português é a língua de Portugal. Quando os portugueses chegaram aqui, havia mais de mil línguas sendo utilizadas, e o português não era uma delas. Ao longo dos séculos, a imensa maioria dessas línguas foi suprimida e dizimada – os jesuítas reduziram as línguas indígenas e forçaram os indígenas a adotar o tupi (que lhes era mais "dócil"), e depois submeterem o tupi a uma espécie de crioulização que levou ao *nheengatu*, a chamada "língua geral": uma língua brasílica, criada pela interação entre portugueses e indígenas e negros, língua que funcionava como uma espécie de "língua franca" por aqui, na medida em que era falada por comerciantes grandes e pequenos, era usada nas casas e igrejas etc. Já no século XVIII, temendo o separatismo que crescia em alguns setores do país, o Império proibiu o nheengatu e forçou o português em todos os canais de comunicação (na época, até o francês era mais comum do que o português por aqui). Daí em diante, estabeleceu-se a vigilância e a violência contínua para a imposição do português europeu e a desqualificação de variantes, regionalismos, derivações, dialetos etc. – isso, a bem da verdade, segue até hoje. Posto esse nível básico de violência, há a incrustação de violências materiais e simbólicas que foram penetrando as tramas da linguagem, criando uma língua repleta de termos que comportam violência em seu estofo: a animalização de pessoas chamadas de "mulatos" (como se fossem "mulas"), a desqualificação de judeus ao chamar uma coisa indesejada de "judiação" etc. – essas formas de violência têm sido muito debatidas, como tem sido muito debatida a melhor forma de enfrentá-las. O ponto aqui, de qualquer forma, é: existe uma violência cotidiana, que atua muitas vezes fora das nossas vistas, mas que tem seus efeitos (como a fé marrana e sua "eficácia" na lógica de Derrida: a violência obedecida em sigilo funciona).[4]

---

[4] Para o leitor interessado nesse tema, recomendo a leitura do ótimo artigo "A língua do outro e a nossa: política, tradução e psicanálise" (Souza Júnior, 2021), que aprofunda consideravelmente uma análise bastante semelhante a essa que sinalizo aqui.

## Histórias de vida

O segundo nível de violência que mencionei aparece nas formas como narramos nossas histórias de vida. E isso acontece porque me parece um desafio impossível narrar uma trajetória de vida no Brasil sem mergulhar nesse caldo de violências que é nossa história. Isso significa, por exemplo, que há muita violência na história de superação do negro periférico que "cresceu na vida", mesmo que ele consiga se apropriar dela de forma que nos pareça saudável e potente; há muita violência na história de vida do "cidadão de bem" de classe média, ainda que ele mesmo não se aperceba disso; haverá violência na forma como o cidadão interpreta e codifica sua negociação com as condições estruturais de nosso país, independentemente de como ele a posicionar. Exemplo: cresci em meio a dificuldades e prosperei; que duro, isso! Exemplo alternativo: nasci, fui criado feliz, estudei na escola X, fiz faculdade na Y e sou feliz – nenhuma violência aparece aí, mas vejam só, quanta violência não existe ali no pano de fundo dessa cena! E quanto treinamento e disciplina para não "deixar isso afetar" o idílico relato, não? Por fim: o fato mesmo de a violência ser um fundo de tela inescapável para nossas trajetórias é, em si mesmo, uma violência – e o fato de precisar contrastar nossas histórias individuais com essa dimensão difusa e civilizacional de fundo nos interpela com um mal-estar que é, ele mesmo, violência. Dou um último exemplo nesse campo: tenho conversado com um amigo que voltou a morar no Brasil depois de mais de dez anos morando na Europa, e ele compartilhou comigo um dilema muito curioso: sua relação com o vestuário. Ele se habituou a usar camisa social, calça e sapatos, algo que, na vida que ele levava em Paris, não trazia questão de nenhuma ordem que ele pudesse discernir[5] aqui ele tem percebido o quanto isso "diz sobre ele", na medida em que ele percebe que as pessoas interagem com isso de forma muito marcada, chamando-o de "doutor", tratando-o com deferência, atendendo a ele antes de atender a outro cidadão qualquer ou encarando-o com hostilidade latente (coisa que ele associa, corretamente a meu ver, ao entendimento de que ele seria pedante, arrogante ou elitista). Vejam: vivemos com isso, queiramos ou não; o fato de "despercebermos" isso não muda o fato de haver, aí, uma violência. E isso, em si mesmo – o fato de essa violência ser inescapável à nossa trajetória – *isso* é uma violência.

Ainda no campo do vestuário: eu posso usar e uso camisetas básicas e tênis em apresentações, aulas e eventos porque sou "branco" – se fosse "negro", imagino que seria constrangido a usar camisa e talvez até terno, porque não poderia pressupor respeitabilidade num país que desconfia de mim *a priori*.[6]

## História das famílias

O terceiro nível de violência marrana que referi é aquele ligado à história das famílias. No caso das famílias e grupos familiares indígenas, isso é bastante simples e evidente: a história de nosso país inicia com um processo de genocídio que é conhecido como "conquista", "descoberta" ou "civilização"; dali em diante eles serão

---

[5] Convém sinalizar, já que trouxe esse exemplo, que as comunidades europeias estão bem servidas de violências de todas as ordens, e eu certamente não estou entre os que supõem que na Europa todos vivam bem, e tudo é luz e alegria. O ponto aqui é o tipo de violência fundamental que nós no Brasil enfrentamos, diferente do tipo que funda o pacto europeu – mas ele existe (e é decisivo, inclusive, para o fato mesmo de termos essa violência cá em nossas terras)6
[6] Esse último ponto é discutido com mais detalhes no Capítulo 10, sobre "Presença e efeitos da branquitude na práxis clínica de um homem branco: um depoimento".

tratados como coadjuvantes ou focos de atraso civilizacional, e agredidos sistematicamente.

No caso dos "negros", há o fato bruto da captura e da emigração forçada, seguida da escravidão, seguida da proclamação de uma cidadania de segunda classe, sem reparação ou reconhecimento, seguida de um projeto explícito de circunscrevê-los, periferizá-los e "controlar sua população", considerada "ameaça à nação". Além, claro, da queima de arquivos de Rui Barbosa, que tolheu à imensa maioria deles acesso à história de sua família – a maioria dos "negros", se tentasse, não conseguiria retraçar as histórias das próprias famílias para além de três ou quatro gerações, porque a partir de um certo ponto ninguém sabe, tem como saber ou encontra quem queira lembrar ou ajudar a lembrar.

Alguns, como Eliane Alves Cruz relata em *Água de barrela* (2018), conseguem, por sorte e circunstância, retraçar sua genealogia – mas o "normal", o que normalizamos, é que "negros" se consideram genericamente descendentes de escravos, de reis e rainhas, de nordestinos, e só, enquanto "brancos", por sua parte, falarão sobre a bisavó alemã que veio no vapor ou o tataravô que lutou com Garibaldi no Sul ou o avô que fugiu do nazismo e teve que recomeçar a vida do zero no Brasil. No caso dos "brancos", inclusive, queria apresentar um caso específico de marranismo, um pouco mais complexo, que acabei pesquisando e estudando pelo fato de eu mesmo estar às voltas com isso, "branco" que sou: chamo de "ancestralidade encobridora".

A dinâmica é simples: é comum que pessoas que se autorreconhecem "brancas" digam que são "descendentes de italiano/alemão/polonês/japonês" etc. Elas são brasileiras, mas o são de um jeito específico, porque são descendentes de X ou Y nacionalidade. Isso é comum, e não é casual: entre os anos 1850 e 1930 houve políticas de incentivo à imigração de europeus ao Brasil, na busca por mão de obra, na consolidação de uma alternativa ao regime escravista em crise e no interesse de "embranquecer" a nação (como os escravos deixariam de ser escravos, pairava o medo de nos descobrirmos uma nação negra, coisa que os dirigentes do país sentiam que precisavam impedir a qualquer custo).

Com isso, houve esse afluxo numericamente significativo, impulsionado por uma campanha ideológica que atrelava a ele um papel estratégico de consolidação do "povo brasileiro" como um povo de descendentes de europeus (e não de escravistas e escravizados, como era de fato o caso). Todo esse empuxo foi criando comunidades de imigrantes em processo de adaptação ao país, cuja aculturação envolvia sempre a negociação entre a filiação à comunidade de origem e a situação que encontravam por aqui – por um lado eram celebrados como "trabalhadores brancos", por outro eram hostilizados como "escravos brancos"; por um lado eram celebrados como oriundos da Europa, por outro eram hostilizados como imigrantes pobres; por um lado queriam se estabelecer e gozar do que a terra oferecia, por outro se ressentiam pelo desterro e pelo desprestígio da condição de emigrados.

O que me interessa nessa dinâmica é que, por meio dela, insinuou-se uma outra dinâmica: o "desparecimento misterioso" dos brancos escravistas que já estavam aqui e que sustentaram o regime escravocrata. Meu ponto pode ser ilustrado por um raciocínio simples: a pessoa se diz descendente de italianos, e fala de sua bisavó italiana que veio para cá num vapor. Muito bem, mas o fato é que uma pessoa tem *oito* bisavós – então vale refletir sobre quem seriam os outros sete bisavós dessa pessoa, não é? O que eu venho percebendo é que, no mais das vezes, ocorre uma espécie de "genealogia seletiva" ao assumir a própria ascendência, e o processo seletivo acaba na imensa maioria dos casos deixando de lado os antepassados que eram daqui mesmo, e que já estavam aqui quando *esse processo* começou.

Quando falo "esse processo" (esse que acontecia durante o incentivo à imigração), trata-se certamente de um processo complexo, que envolve o declínio do Império, a Guerra do Paraguai, a abolição da escravidão legal, a Proclamação da República, as transformações vinculadas ao afluxo imigratório, a supressão de diversos levantes separatistas e a urbanização modernizadora – tudo isso contribuindo para a consolidação de uma certa "comunidade imaginada"[7] no Brasil. E o que estou sugerindo é que ao longo "desse processo" aconteceu uma supressão da vinculação das pessoas brasileiras a seu passado escravista e a suas raízes patriarcais e violentas.

Tomemos um exemplo clássico. Gilberto Freyre, em *Casa-grande & Senzala* (1933/2006), fala mais de uma vez em tom saudoso sobre "as nossas casas de infância", as brincadeiras com a Isaura ou a Maria, a catação de piolhos no alpendre, os brinquedos com os amasiados do tio X... isso de que ele sente saudade, é bom lembrar, é o Brasil escravista (a família dele, note-se, é uma família tradicional brasileira, com tudo que isso significa). Freyre não tem pudor de associar-se a esse passado, por encará-lo de forma complexa e por assumir esse legado, mas não faz nenhum tipo de trabalho de responsabilização ou de ponderação sobre formas de cuidar disso; na verdade, ele entende que essa história é a história do Brasil e dos brasileiros, e que esses somos nós, e que cumpre a nós assumir essa história, assim como ela é. O problema com isso, é claro, é que se deixa de lado a possibilidade de responsabilização e superação desse legado patriarcal, escravista e coronelista – assumi-lo, no caso, envolve anistiá-lo *a priori* (péssimo hábito que temos, esse de anistiar

---

[7] Para uma definição e uma discussão sobre o conceito de "comunidade imaginada", ver Anderson (2008). Em diversas passagens, por sinal, Anderson apresenta sua visão acerca do caso brasileiro e de seu contraste com outros casos latino-americanos, visão em que me apoio parcialmente (ainda que enfatize elementos que ele não analisa em sua obra).

como começo de conversa). No caso dos leitores e leitoras de Freyre, infelizmente, ocorre algo mais drástico: pode acontecer de se reconhecerem, e verem "a cara do Brasil" em seus relatos, *sem tomar consciência* da violência em curso ali; e é por intermédio desse tipo de itinerário que a pactuação com esse Brasil e com essas violências aos poucos é assumido marranamente. Vejam: o livro de Freyre é sobre "a formação da família brasileira sob o regime da economia patriarcal", esse é o subtítulo do livro, e ali ele fala, sim, do papel do escravismo na formação da família brasileira, mas o tom é de idílio, e não parece haver espaço para responsabilização e elaboração da violência fundamental prevista nesse regime.

No fim das contas, a maior probabilidade é de que esse passado idílico (com a "Isaura" como "quase alguém da família") pode até ser preservado em termos de sua função afetiva, mas acaba sendo desconsiderado por parte da maioria daqueles que compartilham dele. O que isso significa, na prática, é que o sujeito sabe que é descendente de italianos, mas "não sabe" que é descendente de brasileiro, e não se apropria ou se ocupa disso. Ou melhor: até sabe que é descendente de brasileiros, na medida em que curte "arte colonial", emociona-se com paisagens agrárias ao estilo *plantation* porque remetem aos "bons tempos de antigamente", tudo isso, mas não imagina (mais) que isso tem a ver com sua própria história e com o legado de sua família.

Triste cenário: depois de séculos de perseguição, abuso e opressão dos negros escravizados, quem acabou sumindo de cena foram os escravistas, enquanto os escravizados continuam bem visíveis e com um alvo no meio da testa – e isso, claro, não porque os escravistas foram embora, mas porque deixaram de saber e de serem identificados como os escravistas que são.

Aqui, finalmente, tenho um exemplo encarnado para compartilhar com vocês: alguns anos atrás fui assistir ao filme *Doze anos de escravidão*[8] no cinema e, para meu próprio espanto, tive duas ou três crises de choro durante a sessão. Não entendi de onde vinham, nem por qual razão chorava tanto; o filme é bonito, vá lá, mas não era isso – era algo meu. E, bom, encurtando a história: foi assim que começou meu movimento de estudo sistemático sobre essas violências que fundam nosso pacto brasileiro, nossa cidadania, nossa comunidade imaginada – começou comigo não sabendo de onde vinha algo visceral, intenso, perturbador, profundamente meu: *meu* envolvimento afetivo com essa história de violências que, veja só!, eu descobri que também diz algo sobre *meu próprio passado*. Passados quase dez anos desde essa experiência, continuo tentando entender como esses elementos se articulam com minha práxis clínica e com os lugares da psicanálise, e continuo me impressionando com a complexidade da tarefa e a profundidade da imbricação entre esses elementos.

## História do país

Já falei sobre como essa dimensão invisibilizada da violência interfere na forma como retratamos a história de nosso país – já tratei disso aqui, e tem bastante gente tratando disso, e muita gente entende disso mais e melhor que eu. Já há bastante esforço para trazer à tona e à luz a violência aos povos indígenas, aos escravizados, às mulheres, e espero que a maioria de vocês, ao ler este texto, esteja lembrando de coisas que viu, leu ou ouviu por aí, ou seja, espero que esses relatos, testemunhos, denúncias e chamados

---

[8] O filme (McQueen, 2013) retrata a história de um "negro" estadunidense que é capturado no Norte do país e levado à força ao Sul escravista, onde é vendido a um fazendeiro; fica doze anos em cativeiro, como o título anuncia. O filme retrata a violência física, mas principalmente psicológica, da escravidão, com esse homem sendo oprimido e constrangido a se submeter ao regime escravista, que implica abdicar de sua dignidade, individualidade, autonomia, senso de história e propósito etc.

à razão estejam ecoando; que Carolina Maria de Jesus (2019), Ailton Krenak (2020), Conceição Evaristo (2021), Itamar Vieira Júnior (2019) e tantos outros depoentes estejam contribuindo para transformar um pouco da imagem de país que vocês fazem (certamente transformaram a minha).[9] Trata-se, no fim das contas, de "escovar a história a contrapelo" – ou seja: vislumbrar a história para além da narrativa triunfalista dos vencedores, abrindo espaço para as contradições, violências, pactuações e, em resumo, para que se transponha o silenciamento.

Não pretendo fazer essa análise aqui. Queria apenas sinalizar para o fato de que *essa* história – de violências, de opressões, de gente historicamente silenciada e subalternizada –, é a *nossa* história. Essas pessoas que mencionei no parágrafo anterior (e muitas outras, certamente) estão *nos* ajudando a contar *nossa* história, transpondo silenciamentos e abismos, e isso nos ajuda a perceber, recobrar e poder, enfim, contar a nós mesmos uma versão mais honesta e menos alienante de nossa história.

Lembro de ouvir dizerem algumas vezes que com essa ou aquela reviravolta ou vitória estratégica veríamos "os ratos voltarem aos buracos de onde saíram" – sendo que os ratos, no caso, seriam aqueles brasileiros que são aberta e desbragadamente machistas, racistas, misóginos, autoritários. Acho que precisamos perceber é que essas pessoas, pelo menos até o momento, estão onde pertencem – esse país é um lar para eles, eles estão em casa. Digo isso não só porque é um fato, mas porque a história de nosso país é, também, a história racista de um país que perseguiu sistematicamente "negros" e indígenas, é a história machista de um país que começa seu processo "civilizatório" com uma campanha

---

[9] Esse movimento certamente não é novo ou inédito – outros depoentes, anteriores, já tinham assumido função semelhante; cito aqui, a título de exemplo, Lima Barreto, Euclides da Cunha e Guimarães Rosa, sabendo que haveria muitos outros.

de estupro coletivo das mulheres indígenas, é a história autoritária de um país que não teve um momento sequer de emancipação ou libertação que fosse representativa do desejo do povo, e não dos mandantes. Por isso, como disse, digo: não parece que o desafio seja "devolver os ratos para o buraco de onde saíram", mas cuidar melhor desse buraco onde estamos, e cuidar do rato que habita em nós, e nos corrói há cerca de 500 anos.

Pensando no Brasil de 2022, quando finalizei o manuscrito deste livro, digo mais especificamente: os "bolsonaristas raiz" não saíram de algum buraco escondido, por mais que possamos desejar isso – o que aconteceu foi que eles puderam expressar algo profundamente representativo de nossa dinâmica enquanto nação; eles podem ter saído de um buraco abjeto, sim, mas esse buraco é nosso, queiramos reconhecê-lo ou não.[10]

A fidelidade marrana ao escravismo patriarcal e coronelista em nosso país se constitui como um lastro psíquico compartilhado, com raízes remontando até o século XVI, quando pela primeira vez alguém imaginou que isto aqui poderia ser *um país*. Isso, inclusive, fica bastante explícito no livro *Comunidades imaginadas*, de Benedict Anderson (2008), que estuda justamente o imaginário que lastreia as dinâmicas de pertencimento e sentimento nacional: se nos países da América Latina hispânica houve um processo de consolidação de um imaginário nacional republicano, popular, democrático, no Brasil nada disso aconteceu – nossos processos de emancipação foram articulados em torno de um ufanismo retrógrado e saudosista, desejoso de passado e de um retorno aos bons tempos do escravismo patriarcal coronelista de outrora (como bem exemplificado no livro de Gilberto Freyre, por sinal). Isso aconteceu no contexto do Império, aconteceu no contexto da República, aconteceu em 1964, e

---

[10] Para uma discussão interessante sobre o abjeto, ver Oliveira (2020).

aconteceu ainda outras vezes antes de acontecer *de novo* em 2018 até os dias de hoje.

## Qual passado há pela frente?

Nathan Wachtel, que escreveu o livro sobre os labirintos marranos que mencionei antes, encontrou algumas comunidades marranas no interior do Rio de Janeiro. Lá ele pôde conversar com algumas pessoas numa situação curiosa e perturbadora: ao descobrirem que professavam uma fé que até então não sabiam qual era, viram-se confrontadas com o fato de que sustentavam uma fé que não sabiam mais em que fundamentar. Afinal, muitos não conseguiam se imaginar se reconhecendo como judeus depois de uma vida se reconhecendo como católicos; muitos não viam vantagem em se reconhecer como judeus, já que o judaísmo que professavam não poderia ser adequadamente acomodado no campo ritualístico, comunitário ou canônico do judaísmo contemporâneo (ainda que existam dispositivos e instituições voltadas ao apoio de marranos em situações como essas).

Acho que precisamos imaginar – e nisso vai algum otimismo – o cenário em que estaremos, enquanto comunidade e nação, diante de um desafio como esse. Precisamos imaginar que os vínculos mais íntimos que conhecemos e por meio dos quais nos reconhecemos vão se tornar desconhecidos a nós; e precisamos imaginar que com isso estaremos na condição de não sabermos, *finalmente*, o que queremos fazer de nós mesmos.

Quando desejamos que os racistas, os machistas, os elitistas e seus variantes e assemelhados voltem aos buracos de onde vieram, corremos o risco de trabalhar contra agendas que nos interessam. Afinal, se nos interessa viver em um país menos violento, menos autoritário, menos retrógrado, menos coronelista, precisaremos transformar nosso legado marrano – e, para enfrentar esse legado, precisamos estar dispostos a atravessar esse período em que ele, ameaçado, passa a nos ameaçar, sustentando que ele é a verdadeira imagem do Brasil, ele é o verdadeiro herdeiro e legatário, ele representa nosso autêntico desejo e devir. Temerariamente, arrisco: num ponto importante e não desprezível, ele tem razão. E nossa tarefa, caso queiramos assumi-la, é encarar esse fato, esse passado, e assumi-lo como algo que nos atravessa e determina, mas que não nos define integralmente – porque podemos, sim, construir outros, novos, melhores pactos.

# 10. Presença e efeitos da branquitude na práxis clínica de um homem branco: um depoimento[1]

*O que é branquitude?*[2]

Branquitude não diz respeito especificamente à cor da pele de alguém: branquitude diz respeito à inserção social dos "brancos", aos dispositivos sociais e institucionais que sustentam privilégios àqueles subscritos à "branquidade" (ou seja: os "brancos"), diz respeito à forma como nossa sociedade em geral segrega "brancos" de "não brancos".

---

[1] Uma versão preliminar deste capítulo pode ser encontrada em Franco, W. (2020a). A branquitude na práxis clínica de um homem branco. *Boletim Formação em Psicanálise*, 28, 119-131. Esta nova versão é publicada aqui com autorização.
[2] Para uma definição e contextualização do conceito, ver Schucman (2020).

As aspas que apareceram no parágrafo anterior continuarão aparecendo sempre que eu me referir a qualquer marcação dita racial, e o motivo para isso é simples: não há motivo aceitável para supor que existem "raças" diferentes entre os seres humanos. Ainda que sempre tenha havido uma tendência à separação entre "nós" e "eles", a associação que se passou a fazer a partir do século XIX de que há raças humanas distintas, com atributos e propensões que lhes possam ser associadas, não encontra nenhum subsídio científico consistente. O que não implica dizer que a racialidade não exista ou não faça diferença, porque ela faz: mas ela opera a partir de dispositivos sociais, comunitários e institucionais, não a partir de uma suposta diferença intrínseca entre raças segundo a qual "brancos" seriam melhores que "negros" (ou membros de qualquer outra "raça") neste ou naquele aspecto da *performance* humana.[3]

Então, em resumo, a branquitude não diz respeito à minha genética ou à quantidade de melanina em mim: diz respeito à minha vinculação a itinerários comunitários, sociais e institucionais, itinerários que permeiam famílias e cidades e países e o meio social em geral, e que dispõem de uma propensão a que minha trajetória seja avaliada a partir de parâmetros dessa ordem.

Quando pensamos sobre branquitude, então, a questão não é se "assumir" branco, como se isso significasse ser membro de uma raça ou comunidade: a questão é compreender particularidades da forma como minha trajetória é determinada pelo fato de eu ser percebido e atuar socialmente como um "branco".

Por que isso ocorre? Porque o racismo, enquanto teoria com pretensão científica edificada durante o século XIX, foi concebido e instrumentalizado por pessoas que se autorreferiam como

---

[3] Há uma sistematização de argumentos e evidências a respeito desse ponto em Appiah (1997).

brancas, e que não tomavam sua racialidade como questão, ou seja, as teorias raciais foram criadas por um agrupamento específico (os "brancos", que tomavam sua racialidade como referente universal para pensar humanos, como se fossem o padrão-ouro), como forma de "compreender" o outro (outros que compreendiam negros, marrons, amarelos, vermelhos, árabes).

Ainda que seja importante saber dessa origem histórica da questão (fortemente vinculada à desinstitucionalização da escravidão no "Ocidente", no século XIX, e à necessidade de disciplinar as hostes de negros recém-libertos, posto que não havia interesse em tratá-los como cidadãos em seu pleno direito), o problema vai muito além da curiosidade histórica. Afinal, o viés racializado (e potencialmente racista) de todas as nossas teorias modernas, iluministas e pós-modernas pouco foi posto a descoberto, pouco foi debatido e revisto; assim, o lastro potencialmente racista de nossos modos "racionais" de pensar e agir segue virtualmente intocado. Além disso, obviamente, um país racista e violento como o Brasil estará particularmente propenso a atualizar e reforçar esse viés racializado e racista, e por isso precisa o quanto antes assumir a presença de um viés racista na implementação de seus saberes e ofícios, para que seja possível assumir as responsabilidades necessárias na conscientização, enfrentamento e transformação da questão.

## E a psicanálise com isso? Pontos de pauta

Aí o leitor se pergunta: certo, mas o que a psicanálise em específico tem a ver com isso?

Bom, temos tudo a ver com isso: "psicanálise" é um agregador para um conjunto heterogêneo de saberes e ofícios que, como tantos outros, tendem a reproduzir os racismos e as violências que estão entranhados em nossa civilidade e racionalidade. Por mais que haja quem creia que "inconsciente não tem cor" ou que "psicanálise não se ocupa com raças ou quaisquer outros atributos identitários",[4] o fato de estarmos embrenhados em uma civilização intrinsecamente violenta e racista faz com que a isenção leve tendencialmente (quase inexoravelmente) à colaboração. Ou seja, quem não se ocupa com o lastro racista e violento de nossa civilidade estará fadado a reproduzi-la em seu dia a dia. Dizendo-o ainda mais claramente: se um psicanalista não se engaja na compreensão crítica do papel que a racialidade (e o racismo que usualmente lhe segue de perto) cumpre na consolidação de nosso tecido social e de nosso referencial de base, ele acabará inevitavelmente compactuando com o "racismo nosso de cada dia".[5]

Isso posto, segue o desafio de encontrar formas de perceber, enfrentar e transformar esse racismo nas formas como ele se apresenta. A fim de contribuir com esse esforço, elenco e discuto brevemente a seguir alguns pontos em que percebo a influência da racialidade e da branquitude em minha práxis clínica (convidando-os, evidentemente, a fazer o mesmo com as suas). Para que a discussão dos pontos seja o mais sintética e clara possível, apresento antes deles uma vinheta clínica, que porei em diálogo com cada um dos pontos.

---

[4] Discuto esse tipo de ideia um pouco mais longamente no Capítulo 11, a seguir.
[5] Quando já estava revisando este livro para publicação, fui apresentado ao artigo "Hipocrisia do analista e branquitude: os limites da analisabilidade na formação de psicanalistas no Brasil" (Apolonio & Vertzman, 2022), que dialoga e sintoniza bastante com essa posição e com os argumentos desta Parte 3 e do livro em geral. Ao leitor interessado, recomendo a leitura.

## Vinheta

F., 33 anos, é professora no ciclo básico, atuando tanto na rede privada como na pública. Cresceu em uma família de classe média baixa em uma cidade relativamente pobre e profundamente desigual na grande São Paulo. O relato de sua história de vida inclui diversos momentos de dificuldades financeiras e privações, e ela é a única entre seus irmãos a ter conseguido acesso a uma universidade pública e uma formação intelectual "diferenciada"; essa condição de habitante de uma cidade periférica que obteve acesso aos bens simbólicos associados tradicionalmente à elite é investida de forma intensamente ambivalente por ela, que se refere agressivamente tanto ao meio "carente" em que cresceu e vive quanto ao meio "elitista" por onde circula em virtude de sua trajetória profissional. Ademais, são comuns em suas vivências profissionais a sensação de que é uma "outsider", uma invasora em um grupo a que não pertence e no qual não é propriamente incluída. Assim, F. refere com alguma frequência falas e diálogos de seus colegas que transparecem os meios privilegiados em que foram criados, em que vivem e que tomam como evidentes e naturais – refere essas falas e diálogos em sua análise, evidentemente, porque são fonte de angústia, na medida em que tocam a ambivalência de sua condição diante dessa situação.

Numa dada sessão, F. estava narrando um diálogo que tivera com uma colega, uma professora de Português que lançava à época um livro de sua autoria; essa colega é, ela mesma, filha de uma professora renomada da USP. Ao longo do relato, F. vai se exaltando, tomada pela raiva cativante que essa convivência desperta nela; vai falando sobre como esses colegas têm por evidentes os privilégios com que contaram: a convivência íntima com intelectuais, a exposição sistemática a livros e bibliotecas pessoais, os pais mais dedicados a noticiários e documentários do que a novelas e programas sensacionalistas, o convívio sistemático com a *"alta cultura"* e o modo de vida de *"gente diferenciada"*. Aponta, então, para a impressão de uma gravura retratando Dom Quixote e Sancho Pança que eu tinha pendurada em meu consultório, dizendo que esse *"tipo de gente"* certamente leu os clássicos de Cervantes e companhia.[6]

Ponto 1. *A branquitude se manifesta em minha clínica a partir dos privilégios que marcam minha criação e carreira e dispõe pontos cegos em minhas vivências, percepções, perspectivas, em minha capacidade de escuta e empatia.*

Não nasci rico, mas certamente não nasci pobre. Se, por um lado, meus pais sempre tiveram que trabalhar para pagar as contas, e o manejo do dinheiro para fechar o mês em muitos momentos foi assunto e fonte de preocupação em casa, por outro lado eu e minha irmã nunca nos vimos obrigados a trabalhar, nem na adolescência nem nos primeiros anos da vida adulta (menos ainda na infância), podendo nos dedicar integralmente à nossa formação enquanto sujeitos e enquanto futuros profissionais. Também tivemos acesso a espaços seguros de brincadeira, socialização e formação cultural, podendo frequentar clubes, cinema, zoológicos, museus, festas de amigos e tudo o mais. Tivemos acesso a livros e estímulo à leitura

---

[6] A título de curiosidade e ilustração: quando comprei e instalei a gravura, eu mesmo ainda não tinha lido o *Quixote* – escolhi essa gravura porque gosto do estilo do gravurista, Gustave Doré, e porque tinha gostado da comparação que Kléber Barreto fazia entre Sancho Pança e o acompanhante terapêutico em seu livro (Barreto, 2000), que tem a capa ilustrada pela dita imagem de Doré. Curioso nesse aspecto (e ilustrativo de minha branquitude) é que isso não me intimidava nem era questão para mim: eu sigo tão confiante de minha condição, sou tão entranhado na cultura privilegiada branca, que pendurei em minha parede um quadro referindo explicitamente a uma obra que não tinha lido, sem sentir nenhum constrangimento, embaraço ou preocupação com isso. Não é que eu quisesse enganar as pessoas e dar a entender que tinha lido, é mais simples e básico: eu não sentia (e não sinto) que tinha que provar nada a ninguém, tendendo a dar por garantido o meu valor e lugar social – isso é branquitude.

desde os primeiros anos de infância, e tivemos adultos à nossa volta valorizando "carreira", "formação", "desenvolvimento pessoal" e tantos outros marcadores de diferenciação de classe e de acesso e tudo aquilo que *a posteriori* será avaliado individualmente em termos de "mérito". Num resumo grosseiro, pode-se dizer que quem me encontra em meu consultório com uma postura moderada, dominando para todos os efeitos a norma culta de nossa língua, uma parte não desprezível (ainda que mínima) do cânone literário e filosófico ocidental, bem versado em termos da cultura *pop* dos anos de 1990 em diante e com toda a pantomima do "profissional competente", bem, um tanto disso se deve a elementos estruturais que acolheram minha história e que, nessa medida, a determinam desde fora. E isso faz diferença, já que me ajuda a compreender se e quando pessoas vindas de trajetórias distintas da minha se sentem desconfortáveis, e eventualmente mesmo agredidas ou ofendidas por isso.[7]

F., protagonista da vinheta clínica que narrei, claramente me inclui entre o "tipo de gente" de quem está falando, tomada de fascínio, raiva e nojo. Ela me inclui, efetivamente, entre as pessoas privilegiadas, essas que comungam de um caldo cultural que lhes garante maior facilidade de acesso a capital simbólico e financeiro em nossa sociedade.

---

[7] Tenho por evidente que esses determinantes sociais, institucionais e estruturais se entrecosturam com a transferência em suas manifestações intersubjetivas, e entendo que parte de meu trabalho é conseguir acomodar esses elementos tão heterogêneos em minha escuta (flutuante, afinal de contas). Como fazê-lo adequadamente, claro, é um desafio constante, para mim e todos nós, colegas psicanalistas. Mas tenho por evidente, como disse, que não tomar esses determinantes sociais, institucionais e estruturais em consideração é um jeito garantido de fazê-lo de forma alienada, alienante e equivocada. Trataremos disso ao longo deste e dos próximos capítulos desta Parte 3 do livro.

A cena denota, evidentemente, elementos importantes acerca da transferência, e é crucial para um tratamento psicanalítico que essa interpelação possa ser reconhecida por sua determinação e sua incidência transferenciais. O ponto levantado por F. não deve ser (apenas) julgado acertado ou equivocado, não deve ser (apenas) discutido enquanto asserção consciente, enquanto juízo. Apesar disso, parece-me evidente que a colocação de F. aponta com precisão para a forma como a branquitude se manifesta em minha clínica – porque, em termos sociais e do ponto de vista do regime da consciência, F. tem absoluta razão: eu sou, sim, privilegiado, e esse privilégio gera nela um incômodo que me parece perfeitamente procedente e razoável. É evidente que isso não implica que eu deva pedir desculpas a F., aderir a algum tipo de conciliação com pendores filantrópicos nem nada do gênero, nada disso seria compatível com um tratamento psicanalítico, mas creio ser importante reconhecer (de si para si, ao menos) a existência dos pontos que me parecem precisamente apontados por ela em sua colocação, para que esses pontos não configurem um ponto cego em nossa escuta. O trabalho que resta, a partir daí, é "só" todo o trabalho da psicanálise – mas, se isso não for reconhecido, a psicanálise em causa corre o risco de ser socialmente injusta, deformada como está por uma pactuação tácita às injustiças e desigualdades de nossa sociedade.

*Ponto 2. A branquitude comparece em minha clínica por conta de meus pacientes terem de se deslocar até meu consultório e estar, durante as sessões, em contato com a localização de meu consultório na planta da cidade, em contato com a disposição dele em termos de mobiliário e decoração, e em contato com a imagem que eu projeto e com minha empostação (minha mimo-gesto-posturalidade).*

Esse tópico dialoga intimamente com o tópico anterior, e muito particularmente no caso de minha práxis clínica – desenvolvida num consultório em um bairro nobre de São Paulo, mobiliado como uma típica sala de estar burguesa (poltronas, divã, quadros, escrivaninha). De qualquer forma, mesmo que eu tivesse um consultório mobiliado de forma "heterodoxa" (cadeiras de praia, sala de espera aberta para a rua, o que for), mesmo que fosse localizado em alguma região não tão elitista da cidade (num centro mais diversamente povoado ou numa periferia), o principal não mudaria: as questões ligadas à branquitude estariam ainda prementes e pulsantes em minha escuta, em minha colocação na trama citadina e em minha práxis – isso porque, como já mencionei, as questões ligadas à branquitude são estruturantes em minha instalação social, são parte intrínseca de minha práxis, e por isso não posso resolvê-las recorrendo a expedientes cosméticos. É claro que se eu atuasse em outra região da cidade atenderia outras pessoas, e talvez a estratificação social de minha clientela fosse um pouco mais diversa – mas isso não resolve nem muda a incidência da branquitude em minha práxis, só muda o lugar onde ela opera; se eu quiser enfrentar as questões ligadas à branquitude, preciso enfrentar a forma como a branquitude se faz notar *por meio das minhas ações* (posso fazê-lo mudando de bairro e de mobília, claro, mas não é o endereço ou a mobília que importam, e sim como eu interajo com eles).

Penso, por exemplo, em uma grande amiga que hoje habita uma região periférica, atua com populações em situação de vulnerabilidade social e majoritariamente "não brancas" – para ela, como para mim, a questão da branquitude grita e urge, e requer cuidados em seu dia a dia; as questões se colocam de forma bastante distinta, porque os determinantes de sua práxis são outros (outro bairro, outra população atendida etc.), mas as questões vinculadas à branquitude continuam em pauta, tanto lá como aqui. Quer dizer: seja na Brasilândia, em Pinheiros ou na praça Roosevelt, seja numa poltrona Lafer, num abrigo ou numa cadeira de praia, segue em pauta para "os brancos" o desafio de lidar com a branquitude e com seus efeitos em sua práxis. Afinal, se eu transferir meu consultório de Pinheiros para o Itaim Paulista, se mobiliar uma sala modesta com mobília mínima, esse cenário não "resolveria" as questões ligadas à branquitude em minha práxis – mudariam a forma como sou interpelado por elas e como interajo com elas, mas a branquitude, enquanto questão, segue lá (ela vai comigo aonde eu for, no caso).

Por exemplo, retomando a vinheta de F. narrada há pouco: mesmo que não houvesse o quadro do Quixote em minha sala e ela não tivesse como referir a articulação que fez (entre a "patota" dos professores privilegiados e eu) de forma tão evidente, a associação certamente seguiria presente em sua disposição afetiva em relação a mim. Talvez se ela não fosse explícita seria mais fácil lidar com ela, ou não, no fundo pouco importa: seja pelo mobiliário, pela colocação na trama da cidade, pela minha apresentação, empostação, seja como for, o fato é que a branquitude se faz notar no encontro com sujeitos marcados pela discriminação e pela violência; e num país como o nosso, tão desigual, e onde há tantos psicanalistas "brancos" e tantas pessoas "não brancas" em sofrimento, é urgente e necessário falar disso e cuidar disso. Assim, mesmo que ela não tivesse feito a referência explícita, seguiria presente em sua disposição diante da instalação citadina e social de sua análise o fato de que ela precisa pegar trem e ônibus, na caminhada entre o ponto e o consultório passa por restaurantes que cobram preços que ela não pode pagar e, em minha sala, está exposta a uma montagem que explicita (e opera) o lastro burguês que acolhe o *setting* clássico.

Uma breve história deve ajudar a ilustrar meu ponto. Numa discussão recente sobre pagamento em análise, falava-se sobre a importância do pagamento, por seu efeito simbólico e instalador de uma transferência de trabalho etc. Uma pessoa, então, comentou que recebera uma indicação "social",[8] preparou-se para valores bem abaixo do que costuma praticar e se espantou ("positivamente") com o valor proposto pela pessoa; tomou o valor como representativo do engajamento da pessoa com a análise, do valor que ela dava, do sacrifício feito em nome da sustentação da análise etc. Pois bem, meu ponto a partir dessa cena: essa paciente, que destoa da clientela usual daquela analista (ela é um caso "social", afinal, porque é diferente dos "normais"), já está pagando caro por sua análise quando tem que se deslocar da região que habita para aquela onde será atendida; já está pagando caro quando o vigia da rua a observa enquanto passa, quando as pessoas passando por ela apertam suas bolsas junto aos próprios corpos ou seguram firme as carteiras e celulares nos bolsos; já está pagando caro quando senta na sala de espera mobiliada de forma que só pode lhe parecer suntuosa, quiçá lembrando a "casa da patroa", e mais ainda quando senta na sala de análise e se vê envolta em cheiros, cores, texturas, detalhes a que não está habituada e que são usualmente vedados a "gente como ela". Não quero dizer, com isso, que ela não deve pagar, ou que a negociação de valores deve ser "relaxada" em qualquer sentido: só acho (e aqui voltamos ao ponto) que o analista não deve naturalizar sua branquitude e alienar-se quanto ao impacto que isso tem sobre seus pacientes, sobre o quanto eles pagam pelo fato bruto de se submeterem àquela situação, moldada

---

[8] Em tempo e lateralmente: acho a designação "valor social" ou "atendimento social" bastante infeliz; claro que é um jeito elegante de se referir a esse tipo de trabalho, menos constrangedor e politicamente mais correto do que "atendimentos que pagam pouco" ou "atendimento de pacientes com pouco dinheiro". O grande problema é que essa nomeação mascara o fato de que *todos* os valores praticados pelo analista são sociais, e *todos* os seus atendimentos são sociais. Se ele cobra menos do que gostaria em dois de seus quarenta horários, não são só aqueles dois, mas todos os seus quarenta horários que são sociais, porque são socialmente relevantes e indicativos de seu lugar na sociedade.

por inúmeros "sutis" marcadores sociais dos privilégios e desigualdades que o analista, no mais das vezes, encarna e representa.

*Ponto 3. Eventualmente, pacientes me enxergam a partir de minha racialidade e de minha inserção na trama identitária que permeia nossa (minha, dele, sua) inserção na sociedade e na cultura.*

Na sequência lógica do que afirmei nas linhas finais do Ponto 2, é importante considerar que os pacientes *sempre*, em maior ou menor grau, me veem envolto pela racialidade que eu encarno e represento; consciente ou inconscientemente, e de forma mais ou menos decisiva para o transcurso do processo analítico, o fato é que isso sempre estará em cena. Isso significa que os pacientes *sempre* me enxergam a partir de minha racialidade – não "eventualmente", como formulei no enunciado deste ponto, mas sempre.

Porém, haverá casos em que isso ocupará um lugar pronunciado na configuração do campo transferencial, na instauração da trama que acolhe o processo. Esse lugar pronunciado, por sua vez, poderá ser articulado explicitamente na trama discursiva que o par analítico vai desenrolando ao sabor do trabalho analítico, mas também pode acontecer de esse lugar pronunciado nunca ser literalmente pronunciado, permanecendo como uma tensão ou como um ponto de articulação da escuta que organiza, tácita mas decisivamente, o curso do processo.

Uma vez mais, a fala de F. relatada na vinheta clínica, acerca de meu "pacto" com os colegas de trabalho privilegiados dela, serve como ponto de apoio para ilustrar a situação: afinal, F. enxerga no quadro mais do que uma simples decoração do ambiente – ela enxerga uma referência a um marco da "formação humanista clássica" a que apenas uma pequena parcela da população tem acesso. Ela vê, e percebe, que o *Dom Quixote* é um marco do dito "cânone literário ocidental", e como tal é parte da formação da elite brasileira (eurocêntrica como sempre foi); ela sabe que apenas uma pequena parcela da população constitui seus universos simbólicos em torno de figuras como Shakespeare e Cervantes, Flaubert e Homero, Dante e Virgílio. F. percebe no quadro algo como um sinal – sinal de minha pertença a um certo grupo social, que seria recolhido por meus "colegas de privilégio" e manteria devidamente intimidados e excluídos aqueles que, como ela prontamente reconhece, nunca tiveram ocasião (estímulo, circunstância, apoio, tempo e espaço) para ler Cervantes.

Outros pacientes que atendi já passaram por menções, implícitas e explícitas, à minha racialidade. Já ouvi, já refleti e já falei sobre desigualdade, violência e racismo com alguns pacientes; com outros tantos não falei, não ouvi e não refleti, ainda que esteja certo de que desempenham algum papel na configuração do enquadre. Seja como for, o que me é claro hoje é que tenho uma responsabilidade, enquanto analista brasileiro e enquanto cidadão, de tomar minha racialidade, minha branquitude, como ponto formativo, ponto de reflexão e crítica permanente.

*Ponto 4. A branquitude se faz notar em minha trajetória por conta de um viés na forma como as pessoas avaliam a mim e a meu trabalho (tanto pessoas que indicam meu trabalho como pacientes e familiares de pacientes que entram em contato mais "íntimo" com ele).*

Levo meu trabalho muito a sério, e posso dizer sem reservas que me comprometo tanto quanto posso no propósito de desempenhar bem meus ofícios de clínico (e professor), mas isso não nega, de forma alguma, o fato de que um bom tanto do prestígio e aprovação que meu trabalho recebe (pelo qual sou grato) é determinado pelo fato de eu ser um "rosto familiar" na mesa privilegiada em que me sento desde que nasci. Uma das consequências disso (para citar apenas o exemplo mais evidente) é que pude construir um lugar relativamente estável na "rede quente" de indicações e encaminhamentos com facilidade muito maior que minhas colegas mulheres e meus colegas "não brancos" (muitas vezes egressos de cursos menos prestigiados do que aqueles que frequentei, formados com menor domínio da norma culta e dos modos da "corte informal brasileira" que eu etc.).[9]

Lembro claramente do constrangimento na turma de colegas de sala de minha graduação em Psicologia conforme, a cada ano que passava, a diferença entre os consultórios que "iam bem" e os que "não iam tão bem assim" se tornava mais evidente, a contrapelo de qualquer diferença equivalente em termos de consistência de trajetória de formação teórica, sensibilidade e tato na condução da práxis clínica. Essa diferença, não por coincidência, é mais patente em termos de sexo do que de "raça" – pelo simples fato de que em minha turma de setenta alunos na USP apenas um "negro" se dedicou à clínica (em contraste com pelo menos dez ou quinze "brancos"), e esse sujeito em específico se desdobrava (às margens do insalubre) para construir uma trajetória admirável e auferir reconhecimento quanto ao valor de seu trabalho (o que não é, em absoluto, casual ou idiossincrático dele – para mais informações sobre o constrangimento de "negros" para uma *performance* inquestionável, ver, por exemplo, Kilomba, 2019).

Ou seja, por ter sido criado em uma rede relativamente firme de privilégios, por ser homem e "branco" e por ter olhos azuis, minha carreira profissional foi certamente impulsionada de forma significativa. Se eu fosse igualmente capacitado, mas fosse mulher, ou "não branco", ou não tivesse desfrutado de uma formação "consistente" como as oferecidas aos jovens de classes média e alta, eu teria certamente tido mais dificuldade para conseguir me estabelecer profissionalmente e auferir reconhecimento pelo valor de meu trabalho.

---

[9] Esse é um dos temas centrais do Capítulo 8, "*Marvels*: o analista em formação e sua relação com os superpsicanalistas".

No horizonte de minha práxis clínica singular, o efeito disso acaba se manifestando, evidentemente, na transferência, particularmente pela facilitação de uma idealização acerca de minha inteligência ou da correção de minhas colocações. Afinal, "um cara tão inteligente, formado pela USP e que fala tão bem" não pode estar errado – só que pode, evidentemente, e esse viés sem dúvida gera distorções que podem comprometer a seriedade e a efetividade da psicanálise enquanto práxis clinicamente significativa e transformadora.

## Considerações finais

Como mencionei na introdução deste texto, não me propus aqui a estabelecer uma análise sistemática e exaustiva do tema; a intenção foi abrir um campo de debate, chamando a atenção para a existência e premência do tema em nossas práxis clínicas, pretendendo derivar daí uma convocação para que tratemos consistente e sistematicamente do assunto.

Ressalto, uma vez mais, a importância de todo e qualquer "branco" poder se debruçar sobre o tema. Parece-me comum que temas ligados ao racismo e às desigualdades em nosso país sejam abordados sobretudo por aqueles que se identificam com os oprimidos ou que pretendem engrossar o coro na denúncia das violências que eles sofrem (como simpatizantes e apoiadores na luta antirracista, por exemplo). Ainda que valorize e respeite profundamente esses engajamentos (na verdade, *justamente* por valorizar e respeitar profundamente esses engajamentos) acredito que seja importante que pessoas que se identificam na condição de opressores (não por serem malvados, obviamente, mas sim por razões estruturais, institucionais e culturais) possam fazer aquilo que só eles podem fazer. Afinal, além das denúncias por "não brancos" acerca da violência que os brancos perpetram de forma contínua e sistemática, precisamos enquanto sociedade que os "brancos" se apercebam e se responsabilizem enquanto perpetradores, para que seja possível uma efetiva transformação de nossas práticas e das dinâmicas de nossa sociedade. É ótimo que isso venha da parte dos "brancos" que se engajam na militância, mas deve vir também daqueles que não se engajam, mas adquirem consciência de que há desigualdades a serem reparadas em seus cotidianos e em suas práxis profissionais (no dia a dia mesmo). Meu interesse principal com este texto foi chamar a atenção para essa dimensão comezinha e cotidiana na replicação e perpetuação das violências racistas e para a forma como "nós", "brancos", podemos e devemos nos aperceber disso e atentar para nossa responsabilidade cotidiana e nosso lugar nessa cena.

# 11. Se o inconsciente tem cor: um estudo exploratório

## Apresentação

Todos já devem ter ouvido a (infeliz) expressão "o inconsciente não tem cor". Para aqueles que não conhecem, explico: esta é uma expressão com ares de "máxima" ou de "sabedoria popular", pretendendo no caso revelar algo sobre a metapsicologia psicanalítica e sinalizando um posicionamento teórico. A partir desse posicionamento teórico, ela pretende situar a relação que a clínica psicanalítica *deve* ter com o campo dos estudos raciais e sobre o racismo no Brasil. A afirmação implícita no postulado, basicamente, é que "[a psicanálise não deveria se ocupar de questões raciais, na medida em que se ocupa do inconsciente, e] o inconsciente não tem cor".

Pois bem: a proposta deste estudo exploratório é discutir, em debate com essa proposição, a relação entre o inconsciente e a racialidade, particularmente no horizonte da clínica psicanalítica.

Sinalizo, ainda a título de apresentação, que a proposta de um estudo exploratório pode conferir um tom enfadonho à leitura, pelo qual peço desde já desculpas – costumo privilegiar a clareza e a leveza de estilo na elaboração de meus textos, mas neste caso tive que me render ao imperativo de sistematicidade que a própria proposta impôs. Num sentido semelhante, preciso confessar que não tenho grande talento para a sistematicidade, e por isso não conto com um mapeamento bibliográfico satisfatório acerca dos campos "psicanálise e relações raciais" ou "impacto da racialidade no contexto da práxis clínica psicanalítica" – espero que alguém com mais paciência, foco, método ou competência possa suprir essa lacuna, e retificar esse estudo onde ele é limitado e onde eventualmente se equivoca.

## Apresentando o postulado de referência e, a partir dele, o campo de referência

Proponho, como já mencionei, que comecemos com a famigerada declaração segundo a qual "o inconsciente não tem cor"; tomaremos a frase como um referente inicial a partir do qual poderemos situar a problemática que nos ocupa. Pois bem: a ideia básica do postulado seria que, segundo Freud, o funcionamento do inconsciente não estabelece nenhum tipo de lastro (imaginário ou de qualquer outra ordem) que fosse autoidêntico no correr do tempo – ou seja, o sujeito não teria, *a priori*, uma "imagem de si" que regulasse as relações que ele (enquanto "si mesmo") estabelece com objetos. Esse postulado, por sua vez, parte da concepção segundo a qual a lógica do inconsciente opera por deslocamentos, condensações e composições de figurabilidade, de forma que, em termos da dinâmica do inconsciente, tudo é movimento, não havendo fundamento para a suposição de que haja uma imagem de si estável à qual se pudessem atribuir quaisquer referentes. Tudo isso serviria como plataforma para a proposição de que "o inconsciente não tem cor" porque estaria sendo dito, aqui, que o inconsciente não está associado a determinantes identitários ou a qualquer concepção autoidêntica de si; "a cor", no caso, seria um atributo de uma imagem de si, e isso não seria "do inconsciente".

Veremos que essa concepção não se sustenta, mesmo dentro do campo estrito da metapsicologia freudiana. De qualquer forma, merece menção a relação dessa lógica com o campo da lógica da pulsão (que não é idêntica à lógica do inconsciente, no contexto da metapsicologia freudiana) – as pulsões efetivamente se expressam por meio do investimento de referentes mnêmicos os mais diversos, sem distinção *a priori* em termos de lógica ou concatenação, sem apego a referentes identitários de qualquer ordem, ou seja, não há compromisso da pulsão em termos de coerência (ou de qualquer outro parâmetro), na medida em que todo e qualquer referente mnêmico seria, a princípio, investível em termos de todo e qualquer componente que se articula em sua composição (tanto no horizonte da representação-palavra quanto no horizonte da representação-coisa).

Isso significa que me parece, sim, procedente a afirmação de que "a pulsão não tem cor". No entanto, ainda que haja alguma sustentação dos pressupostos mobilizados para o postulado "o inconsciente não tem cor" em termos da lógica da pulsão, o mesmo não valeria para a dinâmica psíquica do inconsciente em geral. O que significa, na prática, que a expressão está equivocada: poder-se-ia dizer que "a pulsão não respeita determinantes raciais/racializados", ou que "a pulsão não tem cor", mas não seria correto dizer que "o inconsciente não tem cor". O motivo para isso é relativamente simples: ainda que a pulsão invista representantes mnêmicos independentemente de seus determinantes identitários, os representantes mnêmicos se articulam entre si formando complexos, a partir das condensações e sobreinvestimentos e, principalmente, a partir da facilitação de articulação pulsional que ao longo da história de vida de um determinado sujeito vão se compondo. A implicação disso é que os investimentos não serão indeterminadamente pautados pelo livre jogo dos deslocamentos, condensações e simbolizações, já que o trabalho do psiquismo gera, ao longo do tempo, trilhamentos, facilitações, impressões diferenciais etc., fazendo com que haja elementos diferencialmente estimuláveis, elementos diferencialmente investidos etc. Dessa forma, mesmo que não haja "autoidentidade" centralizadora e estável organizando o dinamismo psíquico para além do sistema Pcs-Cs, isso não significa que não haja elementos diferencialmente estimuláveis ou diferencialmente acionados (tendencialmente ou *de facto*).

A questão talvez fique mais clara se olharmos para o trabalho do sonho: o sonhar envolve a mobilização de representantes mnêmicos, articulados entre si a partir de deslocamentos e condensações e respondendo às condições de figurabilidade; essa mobilização leva à possibilidade de articulação psíquica para o campo de desejos que estariam sendo alucinatoriamente mobilizados no estado de repouso, ou seja: o sonho torna psiquicamente sustentáveis as satisfações de desejo que se impõem por conta do estado de repouso do próprio psiquismo no estado de sono. Pois bem: Freud demonstrou que a "historinha" dos sonhos que narramos se baseia nesses representantes mobilizados, que são articulados entre si de forma a serem narráveis em função de um trabalho secundário do psiquismo (a narrativa, em si mesma, é um processo secundário de "processamento" do desejo que o sonho expressa/figura/realiza alucinatoriamente).

Tudo que nos importa aqui é que os elementos mobilizados "no sonho" não são indiferentemente acionados – eles respondem à história do sujeito, no sentido de serem acionados em função da forma como se articulam entre si e do potencial narrativo que comportam para aquela pessoa em específico. Um dos elementos centrais na concatenação dessa significação diferencial dos representantes mnêmicos é, segundo Freud, o complexo de Édipo – que seria justamente um "megacondensado" de representações fortemente investidas e articuladas entre si, mostrando os caminhos facilitados, diferidos, barrados e significativos na vida psíquica de um dado sujeito. Além do complexo de Édipo, outros "condensados" certamente entram em operação no estabelecimento de caminhos facilitados, diferidos etc. em termos de investimento. Seja em relação ao complexo de Édipo, seja em relação a qualquer outro elemento mnêmico diferencialmente investido, o fato é que o investimento pulsional responde à valência peculiar a cada componente da vida psíquica do sujeito e à forma como elas se compõem entre si, de forma que os investimentos responderão, a cada caso, a tendências que são historicamente favorecidas e, nessa medida, estão tendencialmente determinadas em certas direções.

Em resumo: pela lógica da pulsão, não haveria motivo para supor algum tipo de privilégio ou valoração diferencial *a priori* para elementos relacionados à racialidade (assim como em relação a qualquer outro determinante diferencial, individualmente tomado). Mas pela dinâmica do inconsciente em geral existem, sim, motivos, de forma que não é correto supor que "o inconsciente não tem cor" – porque é bem possível que haja, sim, uma facilitação ou investimento tendencialmente acentuado de elementos relacionados à racialidade (e, no caso de pessoas vivendo no Brasil, esse tipo de acentuação certamente ocorre).

## *Em vista do campo de referência, delineamento de perspectivas de interesse*

Vimos que, do ponto de vista da teoria psicanalítica do inconsciente, existem potenciais diferenciais, facilitações, defrações etc.

relacionadas a complexos e campos de sentido – o que significa que pode existir, sim, "cor" no inconsciente (o que já refuta a asserção "o inconsciente não tem cor", já que a negativa peremptória é derrubada). Resta-nos saber, posto que isso é teoricamente possível, por onde isso efetivamente passa – ou seja: sabendo que é falso determinar que "o inconsciente não tem cor", como determinar a presença da cor no inconsciente? Neste sentido proponho, a seguir, "hipóteses" que me parecem prevalentes no sentido do delineamento de campos por onde a cor pode se fazer atuante nas dimensões dinâmica, econômica e topográfica do inconsciente.

*Hipótese 1: racialidade no inconsciente em termos de um* a priori *da teoria psicanalítica e sua Weltanschauung*

Uma primeira hipótese, bastante abrangente, seria supor que a própria teoria psicanalítica é "branca" ou europeia e que, nesta medida, a teoria psicanalítica não contaria com instrumental adequado para se aproximar de problemáticas "não brancas". Nesse sentido, a dependência da teoria psicanalítica em relação a noções, pressupostos, ideologias e imaginário eurorreferenciados (como o racismo científico, a filosofia europeia, as figuras de Édipo, Hamlet etc. ou as figuras intelectuais de Goethe, Hoffmann etc.) implicaria uma inadequação dela para abordar, compreender ou ajudar a investigar e tratar fenômenos ligados à vida psíquica de pessoas não brancas. Num cenário como esse seria necessário propor uma nova teoria – chamemo-la de "psicanálise não branca" – ancorada em epistemologia, cosmovisão, conceitologia e imaginário não brancos (afrorreferenciados, ianomâmi, seja o que for). Resta saber, de qualquer forma, por que um sistema tão radicalmente novo deveria ser considerado tributário, dependente ou continuador da psicanálise – porque talvez, num panorama como esse, estejamos falando de um pensamento contra a psicanálise, por ser ela eurocentrada.

## Hipótese 2: racialidade no inconsciente em termos dos fundamentos do objeto teórico elaborado e da base fenomenológica de sua construção histórica

Outra hipótese, um pouco menos abrangente que a anterior, não recusa a teoria psicanalítica em bloco, mas acusa o impacto fundamental de um campo fenomenológico europeu para a constituição do imaginário psicanalítico. Num cenário como esse, o trabalho não envolveria a recusa total da conceitologia psicanalítica, mas, sim, uma espécie de "auditoria ampla", que vasculhasse as dependências eurorreferenciadas dos conceitos fundamentais da psicanálise para, a partir desse diagnóstico, promover condições críticas para sua renovação.[1] Um exemplo simples e contundente nesse sentido passa pela "universalidade do Édipo": se povos não europeus podem se estruturar psiquicamente sem a centralidade conferida por Freud ao complexo de Édipo, quais seriam as implicações disso para compreender a dinâmica psíquica (genérica) desses povos? Pois bem, a hipótese implícita nesse campo seria que a universalidade atribuída por Freud aos elementos fundamentais do aparelho psíquico descrito por ele não pode ser assumida sem contestação (a própria atribuição de universalidade sendo, nesse sentido, um possível marcador eurocêntrico na raiz do movimento psicanalítico), e, assim, se apresentaria o desafio de contrastar aquela descrição (freudiana) com a fenomenologia de um território possivelmente "não freudiano" (o Brasil, os indígenas brasileiros, os negros no Brasil, os trobriandeses, o que for).

---

[1] Reencontraremos essa questão no Capítulo 12, a seguir, no qual trataremos das relações entre o eurorreferenciamento da psicanálise e seus lugares no Brasil.

## Hipótese 3: *racialidade no inconsciente em termos da pactuação narcísica e dos jogos identificatórios*

Nessa terceira hipótese acerca da presença da racialidade na teorização psicanalítica, a ênfase recai sobre o reconhecimento de particularidades atribuídas a determinados grupos; o ponto, então, não seria a contestação de pressupostos psicanalíticos, mas a sinalização da necessidade de articulação de uma aplicação específica da teoria em vista de um determinado grupo.

Na prática, esse tipo de hipótese pressupõe a segunda hipótese (acerca da não universalidade do aparelho psíquico), mas a situação dessa hipótese em termos de um pressuposto organiza uma plataforma de trabalho diversa. Pensa-se, assim, em um Édipo negro, por exemplo, e não na refutação da hipótese de que o Édipo seria um fenômeno universal – propor um Édipo negro implica *pressupor* que o complexo de Édipo não é universal (já que brancos, por exemplo, não teriam um Édipo negro),[2] mas refutar a universalidade é um trabalho de filosofia da ciência, e propor um Édipo negro é um problema pautado por determinantes situacionais, empíricos e/ou clínicos.

Num contexto como esse, no entanto, as proposições inovadoras mobilizadas tendem a se direcionar a um campo específico da metapsicologia: aquele pautado pelos campos do narcisismo e das identificações. Aqui ressoa uma vez mais o nosso famigerado postulado de referência ("o inconsciente não tem cor"), na

---

[2] Em contraponto ao exposto aqui, convém sinalizar que me parece possível, dentro do campo de influência do pensamento estruturalista, pensar em teorizações que buscam uma conciliação, no sentido de uma manutenção de um Édipo universal "estrutural" modulado numa determinada montagem em função de uma determinada conjuntura. A bem da verdade, não me parece que essa composição específica muda em algo a situação (a não ser pela "preservação da universalidade", seja lá o que isso signifique em termos práticos, epistemológicos ou políticos).

medida em que a incidência sobre esses campos da metapsicologia em detrimento de quaisquer outros vai estar relacionada justamente ao fato de serem esses os campos mais "identitários" da dinâmica psíquica. O que é importante manter em vista, nesse caso, é que o campo do narcisismo e dos jogos identificatórios é, em grande medida, inconsciente (do ponto de vista dinâmico), de modo que o postulado "o inconsciente não tem cor" continua improcedente. Alguém que queira refutar a pertinência de problemáticas raciais no tocante à psicanálise precisa restringir sua concepção de psicanálise a uma definição teórica artificial e arbitrariamente restritiva de inconsciente, alijando-se de todas as questões ligadas ao narcisismo, às identificações, à "segunda tópica" e, no limite, a toda a dinâmica do complexo de Édipo.

No contexto da hipótese que consideramos presentemente, por sinal, esse postulado ("o inconsciente não tem cor") é reiterada e claramente refutado – digo isso porque diversos estudos notáveis sinalizam a presença de dinâmicas narcísicas e jogos identificatórios diretamente relacionados a problemáticas raciais (ver, por exemplo, Fanon, 2008; Kilomba, 2019; Memmi, 2007, entre outros), que sinalizam, no fim das contas, uma "racialidade inconsciente".

*Hipótese 4: racialidade no inconsciente em termos de ancestralidade e transmissão transgeracional*

Essa hipótese articula, em alguma medida, pontos já mencionados nas hipóteses anteriores, de forma que não é "autônoma" em relação a elas. O que estaria em jogo aqui seria a suposição de que, em vista da insistência histórica do racismo em nossa sociedade, algumas dinâmicas psíquicas estariam diretamente relacionadas ou seriam mais acentuadas em alguns grupamentos racialmente definidos (em termos sociológicos, mas também em termos das implicações psíquicas desse grupamento, pelo fato de ele ser sociologicamente eficiente). Esses elementos não deixariam de estar relacionados, em algum grau, ao narcisismo e às dinâmicas identificatórias, mas no presente caso tratar-se-ia de um elemento primitivo, pré-verbal e inclusive pré-simbólico, e por conta disso parece esclarecedor separar, mesmo que para fins didáticos, a dimensão ancestral e de transmissão transgeracional do campo amplo do narcisismo.

Convém notar que há recurso a hipóteses transgeracionais em temáticas não ligadas ao racismo – há estudos, por exemplo, ligados à transmissão transgeracional de violências referidas aos campos de concentração ou à ditadura civil-militar no Brasil; dessa forma, não se trataria de uma expansão do ferramental teórico psicanalítico em vista da problemática racial, mas sim da aplicação de um ferramental já existente para a abordagem dessa problemática.

Outra particularidade digna de nota em relação a essa hipótese é que ela não se restringe ao estudo de dinâmicas psíquicas vinculadas aos grupos vinculados a marcadores raciais historicamente submetidos a opressão, mas também aos historicamente opressores – o "pacto narcísico da branquitude", para além da dimensão social e intrageracional abordada por Cida Bento (2022), pode dizer respeito a elementos transgeracionais, inconscientes e, em grande medida, inter e transubjetivos. Ela também permite estudos ligados ao campo da racialidade numa determinada dinâmica social, sem que se faça referência exclusiva a uma determinada racialidade em termos autoidênticos (como se "aquela raça" tivesse essa ou aquela característica) – aqui entraria em cena a possibilidade de um pensamento psicanalítico sobre "o Brasil", e não sobre brancos ou negros ou indígenas brasileiros, por exemplo.

O ponto que me parece mais sensível (e potencialmente problemático) no que diz respeito a essa hipótese é o fato de ser relativamente sensível a mistificações, tanto no sentido de uma certa "origem" quanto no sentido de uma determinada "história" que se proclama de maneira "ultraclara" (isso porque os trabalhos aqui precisariam delimitar um campo, e esse campo pode às vezes ser organizado de forma simplista ou caricatural).

### Hipótese 5: racialidade no inconsciente em termos de dinâmicas sociais prevalentes e seu impacto na subjetividade

Aqui encontramos a hipótese mais simples e direta dentre todas que aventamos: a sinalização de que um país racista (como o Brasil) promoverá impactos nas vidas de seus habitantes que serão subjetivamente marcantes e relevantes; em outras palavras, num país racista, subjetividades portarão a marca do racismo.

A dificuldade, aqui, é que "raça", "racialidade" e "racismo" são marcadores abstratos, em princípio, e disso decorre que sua apresentação na história de vida de uma determinada pessoa envolve a mediação de fatores cognitivos e intelectivos que são peculiares à "lógica da consciência".

Com isso reencontramos o nosso postulado de referência ("inconsciente não tem cor") em sua forma mais crua. Um exemplo: a pessoa é abordada por policiais duas vezes seguidas no caminho de sua análise, chega à sessão desconcertada, associa isso com seus sofrimentos por ser "negra" e o analista intervém, sinalizando que seu sofrimento não se deve ao racismo, mas ao fato de ter sido interpelado por figuras de autoridade. O exemplo pode ser irritante, mas ele aponta para uma dimensão delicada do postulado: a associação desta ou daquela vivência do sujeito à racialidade não é um dado sensível, mas uma forma de entendimento, e por isso não seria "da lógica do inconsciente".

O trabalho de análise, efetivamente, envolve a suspensão de certezas e "já-sabidos", e nesta medida a abertura de um espaço de interrogação e questionamento pode parecer compatível com os princípios do tratamento psicanalítico – o sujeito formula um "já sabido" ligado à sua identidade, mobiliza essa identidade como explicação para vivências frustrantes, e o analista intervém com alguma variante de "como assim?" ou "será mesmo?".

Se passarmos a problemática para um outro campo, talvez possamos vislumbrar o problema com maior clareza: um sujeito chega à análise e conta que foi a uma festa no final de semana e, "mais uma vez", foi rejeitado por todas as pessoas com quem tentou ficar, e que "ninguém gosta dele, mesmo"; o analista interroga essa certeza, convida-o a associar a respeito, desnaturaliza a asserção como "já-sabido" acerca da vivência frustrante. Ainda que a pessoa em questão possa não chegar a grandes *insights* a partir da provocação, a suspensão do já-sabido na posição do analista faz sentido, em princípio (e genericamente – em algumas situações clínicas ela certamente não seria adequada).

Em vista do exposto, pode-se dizer que esta hipótese é aquela que mobiliza os maiores debates e mal-entendidos, separando o campo psicanalítico entre aqueles que subscrevem à ideia de que o reconhecimento da incidência do racismo nas vidas das pessoas é um fator subjetivamente relevante e aquelas outras, para as quais o racismo, embora presente e violento e indesejável, deve ser abordado como qualquer outro problema ligado à "vida diurna" do sujeito – isto é, deve ser submetido à análise.

Parece-me imprescindível à formação de um bom analista atuando no Brasil contemporâneo o reconhecimento do racismo cotidiano e institucional, de forma que seja possível a esse clínico escutar. Isso posto, acredito que haja oscilação, em vista da singularidade do encontro clínico em apreço, entre a pertinência clínica de uma postura de testemunho e reconhecimento do racismo como elemento interpretativo, simbolizante e/ou de articulação de sentido em vista de traumatismos, e (alternativamente) uma postura de suspensão do "já-sabido" do racismo como explicação *a priori* para vivências frustrantes, violentas e/ou paralisantes, obturando do sujeito a possibilidade de inquietação, reflexão, transformação, apropriação etc. Enfim, parece-me necessário reconhecer, denunciar e repudiar o fato de que a posição de interrogação reiterada de dizeres relacionados à vivência de situações racistas assume muitas vezes uma conotação *em si mesma* racista, e comporta um efeito de desautorização e traumatismo para o paciente submetido a esse tipo de tratamento. Ou seja, há ocasiões em que a práxis clínica psicanalítica, em nome da "neutralidade" ou da "suspensão das certezas", impetra violências racistas sobre pacientes.

## Comentários panorâmicos em relação às hipóteses

Não pretendo traçar uma tipologia que seja suficiente e na qual os estudos e perspectivas adotadas se encaixem perfeitamente – minha intenção ao delinear as hipóteses prevalentes é sinalizar a existência de perspectivas de interesse distintas entre si no que diz respeito ao estudo da racialidade do ponto de vista da psicanálise.

A pertinência dessa sinalização seria, em meu entendimento, a compreensão de que o problema, sendo complexo como é, tem sido abordado de formas divergentes entre si, e nesse sentido haveria vantagem em uma melhor percepção do campo em meio ao qual esses esforços estão sendo empenhados. Essa percepção melhor do campo, por sua vez, seria útil para perceber esforços convergentes, divergentes, pontos não estudados, temas que não interessam a essa ou aquela pesquisa etc.

Note-se, no que diz respeito à amplitude e complexidade do campo, que eu priorizei aqui, mais ou menos arbitrariamente, as abordagens que tomam a clínica como ponto de destino de suas investigações – creio que haveria mais tantas outras hipóteses, se abdicássemos desse parâmetro (na verdade acho que a organização em termos de "hipóteses" cairia, e precisaríamos de outra forma de organização do campo).

Feitos esses comentários quanto às hipóteses e perspectivas de interesse prevalentes, passemos a uma outra dimensão da problemática racial no contexto da teoria psicanalítica: seu lugar no contexto da dupla analítica.

## A racialidade no contexto da dupla analítica

Até agora estivemos falando da racialidade como uma característica "genérica", sem definir se ela estaria atribuída ao paciente ou ao analista ou a um outro qualquer; a despeito disso, pressupõe-se, via de regra, que a referência seja ao paciente, que tende a ser considerado, no trabalho analítico regular, "o sujeito". Ainda assim, convém lembrar que o analista é, ele mesmo, um sujeito (racializado) que interfere no enquadre e no terceiro analítico, e que o trabalho clínico psicanalítico mobiliza um campo inter e transubjetivo que também merece observação no que diz respeito à "cor" que o atravessa, interpela, determina e habita. Ou seja: a consideração da racialidade no contexto da práxis clínica psicanalítica extravasa o campo da racialidade do paciente, englobando outros fatores, níveis e campos.

Acredito que seja importante assinalar, antes e acima de tudo, que os encontros em que se desenvolve o trabalho psicanalítico não se dão "no vácuo", mas sim numa circunstância específica, num determinado tempo e meio. Nesse tempo e meio, por sua vez, contarão com uma configuração geográfica, política, conjuntural/social e cultural específica, e essa configuração, ainda que não esteja diretamente em pauta no contexto do trabalho psicanalítico em curso, influi sobre ele.

Esse último ponto, cabe notar, nem sempre é considerado ou validado pela comunidade psicanalítica – e isso porque há quem acredite que o trabalho psicanalítico se ocupa do inconsciente, que não reconhece temporalidade ou conjuntura alguma, e que por conta disso os fatores que compõem a configuração da ocasião do encontro não são relevantes (uma manifestação mais abrangente do que aquela presente no postulado "o inconsciente não tem cor"). O pressuposto que sustenta essa postura, além de um certo purismo conceitual acerca de como a práxis se dá, é o da neutralidade do analista (porque se o analista é neutro, configurações alheias ao objeto-causa do trabalho não serão relevantes).

Essa concepção de psicanálise me parece tão desconectada de qualquer consideração mais ponderada acerca do estatuto da práxis que não me demorarei em sua refutação lógica, me contentando em sinalizar que a concepção não procede, já que a configuração que acolhe o encontro em que a práxis se dá influencia, sim, o trabalho em curso. Isso equivale a dizer que o fato de viver em um país racista, por exemplo, influi no trabalho (não só na disposição psíquica do paciente, mas na disposição psíquica do analista e no trabalho "em si"); a forma como essa influência se dá abrange campos estranhos ao nosso estudo (focado na influência da racialidade *no inconsciente*), mas alguns deles são relevantes, de forma que tentarei delinear um panorama preliminar a respeito.

## *Elencamento provisório de fatores relevantes*

Um mapeamento minucioso dos fatores relevantes a uma análise sistemática do papel da racialidade no contexto da dupla analítica abrangeria a análise combinatória de diversos fatores – elenco, na sequência, aqueles que me parecem mais evidentes e relevantes:

- racialidade do *analista* do ponto de vista da racialidade assumida;
- racialidade do *paciente* do ponto de vista da racialidade assumida;
- racialidade do *analista* do ponto de vista fenotípico;
- racialidade do *paciente* do ponto de vista fenotípico;
- disposição *consciente* do *analista* diante da situação do racismo em nosso país;
- disposição *consciente* do *paciente* diante da situação do racismo em nosso país;
- disposição *inconsciente* do *analista* diante da situação do racismo em nosso país;
- disposição *inconsciente* do *paciente* diante da situação do racismo em nosso país;
- disposição *consciente* do *analista* diante da agenda antirracista;
- disposição *consciente* do *paciente* diante da agenda antirracista;
- disposição *inconsciente* do *analista* diante da agenda antirracista;
- disposição *inconsciente* do *paciente* diante da agenda antirracista;
- disposição *consciente* do *analista* quanto ao papel da racialidade na práxis psicanalítica;
- disposição *inconsciente* do *analista* quanto ao papel da racialidade na práxis psicanalítica;
- disposição *consciente* do *paciente* quanto ao papel da racialidade na práxis psicanalítica;
- disposição *inconsciente* do *paciente* quanto ao papel da racialidade na práxis psicanalítica;
- disposição material (geográfica, arquitetônica, mobiliária e decorativa) do consultório do analista;

- situação socioeconômica e cultural do *analista;*
- situação socioeconômica e cultural do *paciente.*

## Comentários sobre o elencamento provisório

A lista pode soar repetitiva, justamente porque cada elemento considerado se manifesta tanto na dimensão consciente quanto na inconsciente, para o analista e o paciente. Seria equivocado eliminar algum desses âmbitos de manifestação de cada um dos elementos, como seria potencialmente enganador "empilhá-los" como "subfenômenos" de uma categoria ampla e vaga – mas incluí-los todos e a cada ocasião, reconhecendo sua autonomia, torna a lista enfadonha.

Apesar da extensão já grande da lista, imagino que haja outros ângulos possíveis, outros fatores relevantes e outras formas de abordar o campo; seja como for, o que tentei demonstrar aqui é a existência de uma pluralidade de elementos compondo a problemática.

Considerando o elencamento provisório que rascunhei há pouco, acho importante ressaltar que os elementos e dimensões devem interagir entre si – e isso deve deixar claro que uma análise minuciosa das formas como a racialidade se manifesta no trabalho de uma dada dupla analítica é um trabalho complexo e imbricado (a combinatória desses elementos gera uma matriz analítica bastante complexa, que eu não teria condição de sequer rascunhar aqui).

## Exemplo clínico imaginário

Ofereço aqui um breve exemplo, apenas para ilustrar como os fatores podem interagir entre si: imaginemos um analista que se reconhece branco[3] e apresenta traços fenotípicos fortemente associados aos "brancos" no Brasil contemporâneo. Ele se dedica ao desenvolvimento de um letramento racial adequado, e tenta se engajar nas agendas antirracistas com as quais interage cotidianamente (por meio de grupos de amigos e de sua aproximação com movimentos negros com que sente sintonia). Imaginemos, ainda, que esse sujeito viva alguns conflitos em sua relação com as problemáticas raciais em nosso país, em virtude dos privilégios com que pôde contar em sua trajetória, e sente um constrangimento (de que evita tomar consciência) por conta da disposição de seu consultório na cidade (instalado em um prédio comercial de alto padrão, em um bairro privilegiado da cidade, dispondo de mobília "sofisticada"). Pois bem: esse sujeito poderá receber em seu consultório um paciente com traços fenotípicos associados aos "negros" no Brasil, ainda que não seja retinto; esse paciente não apresenta questões ligadas ao racismo de forma explícita, mas se apresenta como alguém ansioso, deprimido e com medo de fracassar em virtude de suas dificuldades nos estudos. Numa sessão qualquer, ainda no início do tratamento, essa pessoa traz um relato que *o analista* refere como um caso de racismo, e esse posicionamento dá partida a um processo intenso de ressignificações, engajamentos e transformações na análise dessa pessoa – ela revê sua história, se percebe vítima do racismo, assume sua própria racialidade, se aproxima de movimentos negros, passa a repudiar e confrontar episódios cotidianos de racismo a que se percebe exposta na faculdade etc. Por mais bem-vindos e admiráveis que sejam os desenvolvimentos percebidos nesse processo da análise desse paciente, acho importante pensar no pacto inconsciente que

---

[3] Não como um supremacista, claro, mas como alguém que tenta se aperceber e ganhar consciência crítica acerca dos privilégios e injustiças da sociedade em que vive – aquilo que Lourenço Cardoso chama de "branquitude crítica". Para mais detalhes, conferir Müller e Cardoso (2017).

pode ter se estabelecido – pacto em que o analista branco "salva" seu paciente de uma situação de humilhação, e pode a partir dessa montagem viver uma espécie de épico salvacionista. Em termos psicanalíticos, a questão aqui seria um possível conluio inconsciente, em que o analista estaria sendo narcisicamente gratificado (tendo sua culpa inconsciente aliviada, e ainda podendo viver indiretamente uma narrativa de "transcendência" em relação a seu lugar na sociedade brasileira). Estou chamando atenção para uma composição potencialmente limitante (e iatrogênica) entre as disposições inconscientes do analista em relação à sua racialidade assumida e à agenda antirracista no país, por um lado, e o papel da racialidade na práxis psicanalítica, por outro. No caso em questão, precisaríamos considerar ainda a forma como essa montagem é vivida pelo paciente – já que ele também pode obter algum tipo de gratificação narcísica, gozo masoquista ou ganho secundário a partir dessa montagem. Pode também acontecer de o paciente se ver submetido e paralisado nessa dinâmica, ou se sentir narcisicamente soterrado pela demanda de gratificação inconscientemente veiculada pelo analista. Pode acontecer, enfim, de a dupla conseguir lidar com os impactos transferenciais sinalizados aqui, de forma que nada disso se converta em um entrave, bastião ou problema psiquicamente relevante.

## *A racialidade no contexto do terceiro analítico, do enquadre e do metaenquadre*

Sinalizei no início da seção anterior a necessidade de considerar a presença de fatores raciais na composição da práxis psicanalítica para além da vida psíquica do paciente, e nesse sentido falei da subjetividade do analista – tema que foi abordado ao longo da seção –, mas também falei da importância de reconhecer a influência de fatores raciais no contexto do enquadre e do terceiro analítico.

Convém mencionar aqui uma ideia veiculada por Eliane Costa (2015), para quem o racismo e a escravidão formam um elemento decisivo no metaenquadre de qualquer trabalho clínico no Brasil. A ideia de metaenquadre deriva dos trabalhos de Kaës (2011), e aponta para a presença de um elemento de fundo que acolhe o próprio enquadre (*setting*). Esse é um exemplo de um dos níveis a que estou aludindo aqui, referente ao metaenquadre.

Pensemos, ainda, na configuração material do consultório de um analista. Como mencionei no exemplo imaginário do item anterior, um consultório luxuosamente mobiliado, instalado num prédio comercial de alto padrão, em um bairro de classe alta e numa região central da cidade, já é um elemento significativo do campo transferencial; sim: o CEP e o *design* de uma sala clínica contribuem com elementos imaginários (e de outras ordens) no campo transferencial mobilizado pelo/no trabalho analítico. Esse é um exemplo de outro nível a que aludi, referente ao enquadre.

Pensemos, por fim, em um trabalho analítico que principia, logo no início da primeira sessão, com uma observação feita pelo paciente a respeito de um quadro disposto na parede da sala do analista. Esse paciente aponta para o quadro e comenta "que bonito! É do Mahler?", ao que o analista responde, com ar de tranquilidade "Kandinski"; após um silêncio brevíssimo ele diz, num tom de voz mais baixo, "acho que é Kandinski". Imaginemos, por fim, que esse psicanalista seja negro retinto, e o paciente é um homem branco, executivo de alto escalão; o paciente segue a sessão sem fazer mais alusões ao quadro ou àquela troca, mas o analista fica inquieto com aquilo, não só na sessão, mas pelo resto do dia, chegando inclusive a sonhar com o quadro. Pois bem: sendo um exemplo fictício, tudo que podemos fazer é especular, mas estou sugerindo aqui uma "cena de abertura" de um trabalho em que já figuraria um constrangimento relacionado à *performance* racializada: um homem branco que denota algum tipo de tranquilidade e confiança a partir da exibição de conhecimentos (mesmo que equivocados, com uma falsa tranquilidade), ao que o analista responde com constrangimento, inclusive sinalizando dúvida a respeito do quadro que ele mesmo escolheu e instalou em sua parede. O ponto aqui seria a negociação de lugares, com a repetição de uma disposição segundo a qual um homem negro não pode contradizer ou corrigir um homem branco. Evidentemente, esse exemplo é simplificado para fins didáticos, mas pode nos servir para ilustrar o comparecimento da racialidade no nível do terceiro analítico.

Não me sinto em condições de rascunhar uma esquematização provisória das formas por meio das quais os elementos referentes à racialidade poderiam se manifestar no que tange ao terceiro analítico, enquadre e metaenquadre – honestamente, não sei se isso é sequer possível. De qualquer forma, parece-me claro que há um campo de consideração possível e pertinente aqui, e, ainda que esses níveis interajam necessariamente com aqueles relacionados à dupla analítica, há uma especificidade de estudos a ser mantida em vista.

## *Interseccionalidade*

Parece-me imprescindível mencionar – ainda que eu vá me restringir a uma menção – que o campo "raça" é fortemente articulado a outros campos: classe, gênero, violência simbólica e violência de Estado. Por conta disso, parece-me inevitável que os estudos dedicados ao campo da racialidade na práxis clínica psicanalítica se debrucem sobre essa sua característica interseccional – mantendo em vista, na medida do possível, a possibilidade de um aprofundamento na análise de fenômenos específicos (evitando, assim, que todos os estudos no campo sejam vastos, abrangentes e panorâmicos, pois, ainda que estudos com essas características sejam úteis e bem-vindos, eles não permitem aprofundamento ou especialização, e essa limitação corre o risco de limitar o nosso avanço na compreensão do fenômeno em sua complexidade e abrangência).

## Considerações finais

Posto que o inconsciente não é um ente material, ele não refrata luz, e, portanto, não tem cor no sentido físico do termo – além disso, o postulado "o inconsciente não tem cor" deve ser repudiado, haja vista sua impertinência para compreender a forma como a racialidade interpela a práxis clínica psicanalítica no Brasil.

Neste capítulo, tentei realizar um mapeamento exploratório de formas por meio das quais a racialidade pode interagir com o campo da práxis clínica.

Organizei, inicialmente, cinco hipóteses básicas segundo as quais a racialidade é um elemento relevante no contexto dos estudos psicanalíticos.

Também tentei organizar perspectivas e formas de sistematização para a abordagem das manifestações da racialidade no contexto da dupla analítica – o que significa, neste meu texto, um apontamento dos níveis em que a racialidade pode incidir na disposição subjetiva posta em operação na ocasião do encontro clínico. A necessidade de discriminar fatores conscientes e inconscientes, bem como a necessidade de discriminar fatores relacionados à vida psíquica do paciente e do analista, dão sinal da complexidade e multifatorialidade em operação quando se aborda esse tema (gerando "listas de fatores" longas e de difícil manipulação). Ainda assim, pareceu relevante fornecer uma lista desse tipo (mesmo que provisória) para dar notícia de como ela pode contribuir para a análise de cenas clínicas em que a racialidade efetivamente comparece – nesse mesmo sentido ofereci um exemplo clínico para explicitar o potencial esclarecedor de "esquematizações" como essa.

Sinalizei, por fim, para o fato de que a racialidade deve incidir também no contexto do enquadre, do metaenquadre e do terceiro analítico. Nesse campo me limitei a uma sinalização programática, sem oferecer esquemas ou tipologias – não sei se seria possível fazer uma, mas sei que escapa à minha competência. Ainda assim tentei sinalizar casos em que esses níveis da teoria da clínica poderiam apresentar incidência de elementos relacionados à racialidade, e não tenho dúvida de que seja possível avançar nos estudos nesse campo.

Menciono, por fim, um fator que, embora seja extrínseco ao tema em princípio, parece-me centralmente relevante em sua apreciação: o lugar da psicanálise e da clínica psicanalítica em nossa cultura e sociedade. Penso que a psicanálise se consolidou, na cultura e na sociedade brasileiras, como uma práxis eminentemente branca, metropolitana, elitista e eurorreferenciada;[4] nesse sentido, ainda que me pareça falsa a expressão "inconsciente não tem cor", podemos dizer, sim, que "a psicanálise tem cor", e isso é um problema. Parece-me oportuno, então, tomar como problema a branquitude acrítica da psicanálise brasileira, e trabalhar para transformar esse lugar ocupado por ela – em nome de uma psicanálise menos metropolitana, menos desigual, menos inacessível e elitista, menos branca e, por consequência, mais justa, e melhor.

---

[4] Sinalizo isso como um fato autoevidente – ainda assim, acredito que seria de grande vantagem para a psicanálise brasileira um mapeamento acerca da distribuição geográfica da psicanálise no país (uma espécie de "mapa da desigualdade" da psicanálise, estilo IBGE). Não sei como se poderiam angariar condições para tal estudo, mas estou certo de que ele seria útil.

# 12. Considerações preliminares para um campo psicanalítico desvencilhado do eurocentrismo e do elitismo[1]

## *Proposta*

Este texto pretende apresentar uma problematização preliminar acerca da dependência da psicanálise do contexto "ocidental", "moderno" e "europeu" de onde historicamente deriva. Minha avaliação preliminar é que o eurorreferenciamento peculiar à psicanálise não é fundamental, ainda que seja incontornável em termos discursivos, narrativos e (obviamente) históricos; o que isso significa é que é possível contemplar modos de pensamento

---

[1] Uma versão anterior deste capítulo pode ser encontrada em Franco, W. (2022). Por uma psicanálise desvencilhada do eurocentrismo e do elitismo. *Traço, 1*(1), 10. Esta nova versão é publicada aqui com autorização.

psicanalítico e de práxis psicanalítica que não se façam dependentes dos parâmetros peculiares à tradição europeia moderna, mesmo que sustentem alguma relação com ela por conta da história e da conjuntura de criação e desenvolvimento inicial da psicanálise.

## Pluralidade epistemológica e praxológica das práticas de cuidado e cura

Nos campos da filosofia da saúde (Camargo Júnior & Nogueira, 2009), da história da saúde (Chalhoub, Marques, Sampaio & Sobrinho, 2003) e da antropologia da saúde (Rodrigues, 2006), já está relativamente bem estabelecida a centralidade do pluralismo epistemológico e praxológica nas práticas de cuidado e cura; isso vale para qualquer contexto moderno, mas no caso do Brasil é particularmente central. Há uma composição de diversos saberes e práticas, vinculados tanto às tradições dos povos originários, dos diversos povos africanos que vieram compor nossa história, da Europa científica como de diversas tradições populares derivadas da Europa que nos acompanham há no mínimo 300 anos. Assim, na cura de um qualquer jovem "sinhôzinho" do século XVIII poderiam se suceder rezas e promessas, depois práticas vinculadas a crenças populares, depois "trabalhos" conduzidos por algum escravo local e eventualmente um médico que viesse da cidade à fazenda prescrever algum tratamento "científico"; a mesma coisa, com pequenos ajustes, pode acontecer com qualquer um de nós diante de um processo de adoecimento complexo e perturbador o suficiente – a psicanálise que praticamos se enquadra nesse contexto, complexo assim.

As práticas baseadas em evidências e demais variantes de extração europeia e moderna podem ser hegemônicas em termos ideológicos e em termos do maquinário universitário e científico, mas, na prática, nas casas, nas ruas e nos processos saúde-doença das pessoas, o pluralismo é a regra. Não digo isso para banalizar o ecletismo nem para relativizar o papel do saber constituído no estabelecimento e sustentação de uma práxis clínica – digo isso para sinalizar que precisamos estar atentos aos modos de implementação de nossa práxis, para pensar sobre nossos saberes de forma pertinente e relevante, e deixar de pressupor que o modelo racionalista herdeiro do Iluminismo europeu é o único parâmetro adequado para avaliar a conjuntura e os desafios de nosso tempo e meio.

## Parâmetros de autorização

Pois bem: isso tudo sobre o pluralismo epistemológico e fronesiológico no campo das artes e ofícios de curar há de valer também em relação à psicanálise, inscrita como está no campo dessas artes e ofícios (nem todo psicanalista acredita que seu trabalho é cuidado, ou é cura, ou entra nesse campo – mas isso, honestamente, é problema do analista, já que a enorme maioria dos pacientes vai, sim, entendê-la nesses termos).[2]

Posto isso, queria passar a uma articulação entre essa problemática e as investigações que compartilhei na Parte 1 deste livro, sobre o estabelecimento do espaço mental ocupado pelo analista quando do exercício de sua práxis, uma espécie de modelo topográfico (não estrutural). Acredito que essa articulação possa ser útil, posto que ali vimos (entre outras coisas) que *não há parâmetro formal ou conteudista que preveja com segurança o que garante ou não uma boa clínica psicanalítica* – isso diz respeito a autores de referência, mas abrange também arcabouços culturais, como o leitor deve lembrar. Bom, entre outras coisas, isso dá notícia, por exemplo, de que não é decisivo por si

---

[2] Esse tema foi abordado na Parte 1 desse livro, e é abordado também por Figueiredo (2014a).

só se um sujeito já leu Hamlet, se fala francês, se domina o português erudito, se está acompanhado por orixás – esses parâmetros serão relevantes no contexto, e *do ponto de vista* da disposição afetiva do analista diante da narratividade e da fenomenologia clínica com a qual ele se depara; mas eles certamente não são decisivos para qualificar *a priori* o valor ou o tipo de psicanálise que alguém faz ou deixa de fazer.

Serei direto na sinalização da consequência desse modelo para o tema de que nos ocupamos aqui: não há nenhuma necessidade de restringir a psicanálise a uma certa performatividade, a um certo imaginário, a um certo campo cultural referencial; pode-se fazer boa psicanálise com ou sem divã, com ou sem norma culta, com ou sem terno e gravata, com ou sem recurso a cinema francês e Shakespeare e Dante. Os parâmetros não vêm daí – embora existam –, de forma que a valorização diferencial de uma psicanálise em detrimento de outra a partir desse tipo de critério se deve a eurocentrismo, elitismo, dogmatismo, formalismo, racismo; ou seja, é preconceito, e discriminação. É evidente que, em nossa cultura, em nosso tempo e meio, há valorização diferencial de um tipo de imaginário em detrimento de outro, e há uma bagagem acumulada em termos de como a psicanálise opera que pressupõe uma certa performatividade – nesse sentido, podemos supor que a práxis psicanalítica em outros contextos socioculturais envolva (ou deva envolver) uma reimaginação do que é psicanálise; isso, no entanto, não desqualifica esses outros modos de implementação da psicanálise (na verdade, bem o contrário).

## *Terreiro interno*

Trago então um breve exemplo relativo a esse campo, que devo a meu encontro e trabalho junto aos profissionais do Canto Baobá, espaço comprometido com a psicanálise e com a democracia sediado aqui em São Paulo (agradeço, em particular, ao Douglas, à Ana e à Luz pelos ensinamentos).

O que eles me ensinaram é que eles contam com o que eles mesmos chamam de "terreiro interno" (e, pelo que entendi, lançam mão do conceito sem conhecimento do conceito de "enquadre interno" de André Green, ainda que as ressonâncias sejam impressionantemente férteis). O "terreiro interno" organiza e conflagra potências, vivências e disposições que eles trazem consigo a partir de suas práticas e rotinas no terreiro que frequentam, mas que os acompanham nos demais encontros cotidianos – assumindo, no contexto propriamente clínico, também um lugar. Isso significa que os orixás que os acompanham, *acompanham também* seus trabalhos clínicos; não quer dizer que esses sejam trabalhos "de terreiro", mas que "o terreiro vai com eles", de forma que a escuta deles é amparada por uma formação psicanalítica, sim, mas também por uma preparação espiritual de matriz umbandista.

Sinalizo o óbvio: não há referência a orixás ou a terreiro interno em Freud, em Winnicott, em Klein ou em Lacan. A despeito disso, entendo que as práticas encampadas por esses profissionais pode, com todo direito e razão, ser considerada uma prática psicanalítica – com uma escuta bem embasada em uma formação teórica, uma análise pessoal, um trabalho de supervisão... e o acompanhamento de orixás. Na prática, parece-me que o "terreiro interno" a que eles recorrem lembra em muito o que recuperei da "escuta poética" de Figueiredo, do papel da música na escuta segundo Naffah Neto etc., que mencionei no "Fator 3" do Capítulo 4, na Parte 1 deste livro: trata-se, em todos os casos, de pontos de apoio culturais, vinculados à bagagem cultural idiossincrática de cada um desses clínicos, atuando como "fertilizante" e conferindo sustentação à práxis de cada um deles. Naffah Neto não obriga seus pacientes a escutar as músicas que lhes são úteis na escuta analítica, como Figueiredo não declama poemas em seu contexto de escuta e, bem, os clínicos a que me referi não "impõem" nada a seus pacientes quando lançam mão de seu terreiro interno. São, em todos os casos, instrumentos de sustentação de uma práxis psicanalítica, e não me parece haver motivo (que não seja discriminatório ou racista) para aceitar o aporte da poesia e/ou da música clássica para pensar a clínica psicanalítica e recusar o aporte da cultura de terreiro.

Haveria uma imensidão de discussões interessantes que poderíamos ter (e espero que possamos) a partir de experiências como essas, que certamente existem por aí e não esperam passagem para existir e funcionar. Por ora, quero sinalizar que há psicanálise de boa qualidade sendo feita e que lança mão dos orixás como um recurso de escuta, que esses analistas compatibilizam essas referências às suas formações em psicanálise e que, até onde pude ver, eu acho que eles têm razão em fazê-lo – temos aqui, então, um exemplo de constituição, consolidação e sustentação de um espaço mental psicanalítico que lança mão de recursos alheios ao estereótipo psicanalítico.

Em tempo: eu mesmo não tenho notícia de ser apoiado por orixás em minha práxis, e não tenho interesse nenhum em defender universalização ou hegemonia para isso. O ponto aqui é o reconhecimento e o respeito ao existente, e a humildade de passar à renovação dos quadros referenciais teóricos e práticos em vista do reconhecimento dos fatos que se impõem enquanto *existentes* – humildade que Freud teve e defendeu ao longo de sua vida, e que atribuiu mais de uma vez à psicanálise enquanto postura epistemológica (ver, por exemplo, Freud, 1925[1924]/1996d).

Nosso desafio, de qualquer forma, não é validar ou não o conceito ou o fenômeno teórico-clínico do terreiro interno – primeiro porque não estamos em lugar de julgar "o que pode e o que não pode", e segundo porque ninguém nos pediu nada nesse sentido. O que nos cabe, sim, é trabalhar por uma psicanálise que seja intelectualmente honesta o suficiente para reconhecer que isso existe, e que seja capaz de reconhecer as consequências disso em termos epistemológicos, institucionais e práticos. Essa seria, no caso, uma psicanálise que não se fecha no que está escrito nos livros fundadores ou no cânone cultural europeu; uma psicanálise, portanto, que não incorre em gestos potencialmente epistemicidas de julgamento e desqualificação a partir do estranhamento, e que não incorre em elitismos ao chancelar única e exclusivamente o que tem cara, cheiro e gosto de elite.

## *Elitismo e seu papel no cultivo da "boa psicanálise"*

Gostaria de, nos próximos parágrafos, abordar uma publicação do meio psicanalítico na qual se associou uma "defesa" da psicanálise à rarefação do acesso à formação psicanalítica, numa estratégia que perpetua gargalos no acesso e preserva a psicanálise como uma práxis (e um tratamento) restrito às elites brancas de nosso país. Não se trata de um caso excepcional, havendo mesmo muitas ocasiões nas quais "superpsicanalistas", grupos e instituições saem "em defesa" da psicanálise e acabam defendendo, por associação, o caráter restritivo, elitista e excludente do campo. Tampouco se trata de um caso particularmente agudo, e espero que os editores da revista não se sintam "mirados" ou atacados por essa análise – na verdade, optei por ela justamente por não ser explicitamente hostil e elitista, e fiz isso de forma a mostrar que há ocasiões corriqueiras em nosso meio nas quais psicanalistas que não são abertamente elitistas e excludentes acabam, despercebidamente, contribuindo para a perpetuação dessas práticas em nosso meio.

Passemos, então, ao caso: no dia 25 de maio de 2022 circulou uma carta-convite para submissão de artigos para a *Revista Brasileira de Psicanálise*, que contaria com uma edição temática dedicada ao tema "Formação do psicanalista" (Castelo Filho, 2022). Após uma contextualização, o editor diz: "Para o exercício da psicanálise, a maioria das formações ligadas à IPA considera que o principal instrumento é a mente do analista", com o que concordo. Mas daí deriva uma argumentação (sim, a carta-convite tem argumento) segundo a qual a rarefação no acesso à formação psicanalítica e as dificuldades vinculadas à formação são intrínsecas à qualidade da formação, de forma que a facilitação do acesso ou medidas que tornem o percurso menos oneroso e/ou excludente incorreriam em atentado à qualidade da formação oferecida; o editor defende, em resumo, que a formação psicanalítica é complexa e desafiadora, e que o processo de formação é caro, segregacionista e excludente porque não poderia ser diferente, dados os requisitos do processo.[3]

Num momento final e decisivo da argumentação, a carta-convite assevera:

> Qual seria a reputação do Balé Bolshoi, do Royal Ballet ou do Balé da Ópera de Paris caso a formação de seus dançarinos fosse facilitada em nome das dificuldades da vida atual? Ou a de um médico cuja formação fosse "facilitada" por conta das dificuldades e dos custos de sua formação? A profusão de faculdades de medicina privadas, de qualidade duvidosa, deixa a problemática mais evidente. Pode-se pensar o mesmo sobre a profusão de cursos de psicanálise ou sobre a competição de instituições para ter mais alunos e formandos do que outras? Será que uma adequação da formação aos tempos

---

[3] Ele não diz de forma clara que é necessariamente caro, mas associa um processo longo, complexo e desafiador com a recusa do "dinheiro fácil" e da ampliação do acesso em mais de uma ocasião ao longo do texto.

atuais e às questões contemporâneas se faz realmente necessária, sem perder o rigor e a seriedade imprescindíveis para uma formação psicanalítica? (Castelo Filho, 2022, p. 24)

Parecem-me boas perguntas; vamos contemplá-las, então, uma a uma:

Pergunta 1: "Qual seria a reputação do Balé Bolshoi etc. se a formação dos bailarinos fosse 'facilitada' por conta das dificuldades e dos custos de sua formação?"

Resposta: bom, depende. O editor parece supor que o Balé e demais instituições de elite não poderiam "facilitar", porque com isso perderiam seu primor. Entendo o ponto, mas discordo: a questão não pode ser reduzida a um "curso EAD" do Balé, com tudo sendo igualado e tratado de forma indiscriminada. Uma coisa, claro, é a descaracterização do que uma instituição se propõe a fazer; outra, bem diferente, é essa instituição ser confrontada com as violências estruturais e simbólicas que sua posição atualiza, e a partir daí ser responsabilizada e eventualmente constrangida a repensar suas práticas. Isso não precisa significar o "fim da qualidade" do Bolshoi: pode significar a reversão de parte dos lucros da instituição para a promoção de atividades socialmente responsáveis ou transformadoras; pode significar o comprometimento com pautas e projetos compatíveis com a "excelência da instituição", mas que também colaborem para incluir pessoas historicamente alijadas do balé profissional ou *tornar acessível* o ensino de qualidade a pessoas historicamente excluídas desse tipo de acesso; pode, também, significar uma abertura do Bolshoi a destaques e promessas que ajudem a tornar o ambiente do teatro e da escola mais plural e inclusivo e menos monocromático e classista. Por que dou esses exemplos? Porque não é óbvio que a "facilitação" seja o único jeito de mudar: é possível mudar revendo seus privilégios, seus vícios, seus compromissos nefastos, suas práticas excludentes; é possível mudar propondo iniciativas novas, se abrindo a iniciativas já existentes, transformando a "marca". Em resumo, o fato de um processo de formação ser exigente e complexo não desresponsabiliza as instituições que o salvaguardam em relação a seus vícios, seus malfeitos ou suas responsabilidades históricas.

Pergunta 2: "Pode-se pensar o mesmo sobre a profusão de cursos de psicanálise ou sobre a competição de instituições …?"

Resposta: não – no caso de a insinuação ser de que a característica excludente e elitista se deve a uma "defesa da excelência", e que instituições menos elitistas devem ser combatidas porque fazem "balé de má qualidade", a resposta é não, não se pode pensar isso. E não se pode pensar isso porque as instituições que não são excludentes e elitistas compõem um leque amplo, e representam um gesto social e político polissêmico – é péssima a ideia de execrá-las *a priori* só porque não são elitistas e excludentes. É claro que há instituições oportunistas, e instituições que oferecem conteúdo e recursos de má qualidade, e é claro que seria importante cuidarmos para que pessoas interessadas na psicanálise tenham acesso a instituições confiáveis e não sejam engambeladas por instituições ruins, mas fechar-se na sua própria instituição, declarar-se o representante da excelência e desqualificar o resto como inadequado é um gesto que caminha justamente na direção oposta. Voltando, então, à pergunta 2 do editor: não se deve pensar que a profusão de cursos descaracteriza a psicanálise – mas que a psicanálise não oferece recursos de acesso a uma multidão de pessoas interessadas nela, e essas pessoas encontram muitas instituições de qualidade duvidosa (o que é um problema) e algumas poucas prestigiosas que fecham as portas a elas, e isso é um problema a ser cuidado (não o interesse dessas pessoas, mas sim o descompromisso das instituições prestigiadas em relação a essa multidão de interessados que não são da elite e que acabam ficando vulneráveis a oportunistas que "oferecem acesso" de qualidade duvidosa).

Pergunta 3: "Será que uma adequação da formação aos tempos atuais e às questões contemporâneas se faz realmente necessária, sem perder o rigor e a seriedade imprescindíveis para uma formação psicanalítica?"

Resposta: sim.

Resumo e balanço: fico com a impressão de que as iniciativas oportunistas e mal-intencionadas que pipocam aqui e ali acabam servindo de álibi para que as instituições mais prestigiosas no meio psicanalítico se eximam da responsabilidade de rever suas características elitistas e excludentes – dando a entender que são elitistas e excludentes para preservar o rigor e a seriedade da formação, coisa que me parece honestamente absurda. Afinal, equiparar preocupação com acesso e pertinência, por um lado, e com vulgarização e diluição da transmissão, por outro, é inoportuno e contraproducente, além de ser uma falácia e um silogismo. Iniciativas oportunistas devem ser combatidas, obviamente, e fico feliz que haja organização da comunidade psicanalítica para barrar e recriminar iniciativas como a do bacharelado em Psicanálise[4] ou da psicanálise ortodoxa, mas isso não pode ser tomado como escudo para se furtar à questão central sobre a formação em psicanálise: quais são as condições fundamentais para a consolidação de uma psicanálise pertinente ao Brasil de nosso tempo e meio?

---

[4] No início de 2022 circulou a notícia de que uma instituição particular de ensino superior estava oferecendo um "bacharelado em Psicanálise", iniciativa que gerou revolta e indignação em boa parte da comunidade psicanalítica. O debate que teve início naquela ocasião dialoga com as questões de que tratamos aqui (e certamente estava na mente dos proponentes da edição da *Revista Brasileira de Psicanálise* sobre "formação"). Para um panorama e uma análise do debate naquela ocasião, remeto o leitor ao texto "A psicanálise, a Uninter e essa gente toda", que publiquei na época (Franco, 2022).

## O desafio

É complexo pensar em formação psicanalítica para quem não tem fortuna acumulada e não é egresso de escolas e universidades prestigiosas – mas é possível. É contraintuitivo pensar em psicanálise sendo feita sem poltronas, divã e mobília freudianas, sem uma sala confortavelmente iluminada e sem ruído excessivo – mas é possível. Poderia parecer que longas e caríssimas análises são elementos cruciais para uma boa formação – mas não são. Quando abrimos mão desses pseudossaberes naturalizados por seu prolongamento histórico, passamos a enfrentar perguntas difíceis: o que garante uma boa análise? O que garante um bom analista? O que garante uma boa formação? Não acho que seja necessário restringir aos privilegiados; não sei como estender aos condenados da terra, mas acho que merecemos a boa luta, e acho que as instituições prestigiosas fariam bem a todos nós se arregaçassem as mangas e deixassem de lado as falsas certezas do dogmatismo e da autoalienação.

Sei que a psicanálise é uma criação europeia; sei também que seguiremos lendo Freud, e que (no mínimo) por meio do texto freudiano estaremos vinculados a um marco cultural grandemente referido à tradição europeia, o que permite supor que a psicanálise brasileira trará sinais de eurorreferenciamento. Honestamente, não acho isso nem mesmo um problema, inclusive porque sei que não significa que toda e qualquer psicanálise será eurocêntrica – é possível reconhecer a história da psicanálise e suas coordenadas epistemológicas clássicas, e ainda assim permitir-se enxergar o que acontece no tempo e meio em que você faz psicanálise.

Por outro lado, sei que muitas vezes a defesa da erudição "necessária" e da complexidade e exigência do processo acabam servindo como álibis para a manutenção de dispositivos que defendem algo *menos* que a psicanálise, que são os privilégios e violências de uma comunidade elitista, racista e patriarcal. Separar uma coisa da outra não será um trabalho trivial, mas me parece o trabalho mais sensível e decisivo em termos do lugar que caberá à psicanálise no Brasil.

# 13. Considerações finais

A imagem que ilustra a capa deste livro é uma aquarela, produzida pela artista Nayara Oliveira. Ganhei a obra como presente de uma paciente – como um presente de Natal, mas também como um sinal de agradecimento pelo processo que vivemos juntos em sua análise ao longo de um período delicado. A imagem é inspirada em um longo trecho do livro *Kafka à beira-mar*, que surgiu nas associações da paciente durante as sessões e cumpriu um papel importante na trama associativa que sustentou nosso (delicado e intenso) trabalho na época. A passagem do livro é a seguinte:

> *Em certas ocasiões, o destino se assemelha a uma pequena tempestade de areia, cujo curso sempre se altera. Você procura fugir dela e orienta seus passos noutra direção. Mas então, a tempestade também muda de direção e o segue. Você muda mais uma vez o seu rumo. A tempestade faz o mesmo e o acompanha. ... Isso acontece porque a tempestade não é algo independente, vindo de um local distante. A tempestade é você mesmo. Algo que existe em seu íntimo.*

E você vai atravessá-la, claro. Falo da tempestade. Dessa tempestade violenta, metafísica e simbólica. Metafísica e simbólica, mas ao mesmo tempo cortante como mil navalhas, ela rasga a carne sem piedade. Muita gente verteu sangue dentro dela, e você mesmo verterá o seu... E você vai apará-lo com suas próprias mãos em concha. O seu sangue e também o de outras pessoas.

E, quando a tempestade passar, na certa lhe será difícil entender como conseguiu atravessá-la e ainda sobreviver. Aliás, nem saberá com certeza se ela realmente passou. Uma coisa, porém, é certa: ao emergir do outro lado da tempestade, você já não será o mesmo de quando nela entrar. Exatamente, esse é o sentido da tempestade de areia. (Murakami, 2008, p. 7-8)

Conforme relia o manuscrito deste livro, esse trecho, esse quadro e essas vivências clínicas voltaram algumas vezes aos meus pensamentos.

Antes de mais nada, claro, porque acredito que o processo de constituição do espaço mental ocupado pelo psicanalista envolve, em alguma medida, a exposição à "tempestade". Nesse sentido, acho muito interessante a sinalização, discreta, mas decisiva, da presença dos outros na tempestade ("o seu sangue e também o de outras pessoas"); acho que Nayara captou bem algo que fica muito forte no trecho, que é a imersão e a sensação de solidão – mas há algo no trecho de Murakami que aponta para a presença de outros ali, de forma que isso em que se mergulha, e onde só se está sozinho, isso é visceralmente seu, mas também interpela algo do seu pertencimento. Um analista em processo de formação encontra, então, sua própria tempestade – e a atravessa, e nunca cessa de a atravessar.

Além da dimensão da jornada, a dimensão coletiva da jornada é um elemento importante no livro; mesmo que não se veja o coletivo, ele faz parte da jornada, e a tempestade não deixa de remeter ao campo em meio ao qual o viajante está inserido. Nenhum analista está só, na medida em que só é possível devir analista no seio de uma comunidade psicanalítica (ao mesmo tempo, claro, todo psicanalista sempre estará só na sua tempestade – uma coisa não nega a outra).

Em termos da trajetória de formação do psicanalista, a dimensão coletiva diz respeito evidentemente à sua vinculação institucional e comunitária – analista, supervisor, colegas, professores, autores de referência etc. Mas a dimensão coletiva da formação do analista também diz respeito ao pertencimento mais amplo à trama social e à conjuntura sociopolítica que dá contornos à "bagagem cultural" que o viajante traz consigo – e por aqui encontramos o campo do racismo, do elitismo, dos estudos sobre o Brasil. Em grande medida, esse livro trata de "como um analista *brasileiro contemporâneo* [faz para pensar como] pensa", e os aspectos sociais, culturais e políticos acabaram ocupando um lugar de destaque na tessitura do livro por conta dessa especificidade do projeto.

Para além disso tudo, acho que a insistência da lembrança do quadro, do trecho do *Kafka à beira-mar* e dessa experiência clínica na minha revisão do manuscrito do livro tem a ver com o fato de eu ter me ocupado pouco/quase nada das questões ligadas ao patriarcado, ao machismo e à heteronormatividade – a ênfase do livro se inclina evidentemente em direção ao racismo e à branquitude brasileira, que é um tema que me interpela já há muitos anos. A experiência com essa paciente foi uma das tantas que, em anos recentes, me fizeram perceber a necessidade de olhar com mais cuidado para outros determinantes do autoritarismo brasileiro em minha presença clínica, minha escuta e meus processos de teorização – nesse contexto, estou pensando particularmente na masculinidade e na heteronormatividade. Como o leitor deve ter percebido, esses temas não comparecem quase nada ao longo deste livro, e só posso esperar que o leitor encontre ocasiões para remediar essa ausência em outras leituras, encontros, vivências e estudos.

Como a tempestade narrada por Murakami, este livro não encontra exatamente uma conclusão: uma vez mais, mantive-me fiel à minha busca por bons problemas, procurando habitá-los com o máximo possível de capacidade crítica e analítica, e encerrando a trajetória quando os problemas parecem formulados com a maior concisão e articulação interna que eu pude encontrar.

Tentei articular dois campos problemáticos que estudo e que me parecem intimamente relacionados: 1. o campo da autorização em psicanálise (considerando que o modo como interpelo o campo da autorização inclui o que os autores de inspiração inglesa chamam de "mente do analista" [Figueiredo, 2021] e da formação psicanalítica em geral); e 2. o campo da sociologia psicanalítica, particularmente no que diz respeito à rarefação do acesso à comunidade psicanalítica e à forma como isso perpetua elitismos, discriminações e exclusões.

Tradicionalmente são campos estudados de forma independente e não relacionada, mas minha percepção é que a psicanálise só ocupará um lugar mais democrático e menos excludente se pudermos compreender de forma menos esotérica e ideológica como, no fim das contas, um psicanalista faz para fazer o que faz – e é por isso que vejo os campos como intimamente relacionados. Afinal, a maioria dos estudos sobre autorização (e/ou sobre formação e/ou sobre a mente do analista) pressupõe uma pessoa com recursos financeiros, sociais e simbólicos bem estabelecidos e com uma formação cultural eurorreferenciada robusta – e isso, por si só, é excludente. É claro que isso não significa postular, *a priori*, que psicanalistas possam ou devam prescindir disso

– significa simplesmente que não devemos mais naturalizar que esses recursos são pressupostos indispensáveis ou que são eles que fazem um bom analista, porque não tenho a impressão de que efetivamente o sejam. Inversamente, parece-me comum que estudos sobre racismo, elitismo ou discriminação na comunidade psicanalítica engajam a questão em termos amplos e/ou situacionais, sem articular essa problemática a essa outra que é: como, então, alguém historicamente alijado de acesso a recursos socioculturais que são marcadores sociais de privilégio pode se tornar um psicanalista?

A agenda, então, era basicamente esta: compreender os lugares que podem caber à psicanálise, enquanto práxis clínica, em nosso tempo e meio. Assumi como ponto de interesse que a psicanálise possa ocupar um lugar compatível com uma agenda democrática e progressista, ou seja: desejo que a psicanálise possa contribuir para uma vida mais digna para aqueles historicamente oprimidos, silenciados e/ou marginalizados pelo Estado e pela sociedade, e desejo que a psicanálise não seja um recurso privilegiado da "elite";[1] melhor dizendo: busco uma psicanálise decente, pertinente e comprometida com a saúde. O que venho tentando fazer, e o que tento fazer neste livro, é investigar como essa agenda pode ser encampada sem descuido quanto às exigências e particularidades da práxis clínica – e nesse sentido eu tomo como foco a práxis clínica, e submeto qualquer eventual práxis social militante a esse meu ponto de concentração.

---

[1] O que não significa que a psicanálise só tem valor nesse contexto, nem muito menos que não há psicanálise com outros matizes e pertencimentos. Entendo que existem e existirão psicanalistas que são profissionais liberais, e a mim parece evidente que há psicanalistas que não são progressistas ou marcadamente social-democratas – não estou em guerra com eles ou com a psicanálise que praticam, mas em luta por um mundo e uma psicanálise mais justos e inclusivos (são campos que se sobrepõem, mas não são iguais).

Como de hábito, busquei ser tão honesto intelectualmente quanto me fosse possível, e acabei operando de modo um tanto errático e ensaístico – o que significa que ainda teremos algum trabalho conjunto, leitor, para consolidar o que presta, descartar o que não presta, e discriminar o que é o quê. Ou, melhor dizendo: verti meu sangue aqui, em meio à tempestade, e suponho que você, que me acompanhou aqui, também verteu algo do seu – recolhamos, então, mãos em concha, o que nos toca, e sigamos, tempestade adentro, na busca por uma psicanálise sensível, rigorosa, engajada e pertinente.

# Referências

Anderson, B. (2008). *Comunidades imaginadas: reflexões sobre a origem e a difusão do nacionalismo*. Companhia das Letras.

Apolonio, G., & Vertzman, J. (2022). Hipocrisia do analista e branquitude. *Cadernos de Psicanálise CPRJ*, 44(46), 35-53.

Appiah, K. A. (1997). *Na casa de meu pai: a África na filosofia da cultura*. Contraponto.

Barreto, K. D. (2000). *Ética e técnica no acompanhamento terapêutico*. Unimarco.

Beer, P. (2017). *Psicanálise e ciência: um debate necessário*. Blucher.

Beer, P. (2020). *A questão da verdade na produção de conhecimento sobre sofrimento psíquico: considerações a partir de Ian Hacking e Jacques Lacan* [Tese de doutorado, Instituto de Psicologia, Universidade de São Paulo].

Bento, C. (2022). *O pacto da branquitude*. Companhia das Letras.

Bloom, H. (2002). *A angústia da influência: uma teoria da poesia*. Imago.

Bleger, J. (2002). Psicanálise do enquadre psicanalítico. *Revista Fepal*, 5, 103-113.

Bolognesi, L. (Diretor). (2019). *Guerras do Brasil.doc* [Série documental]. Buriti Filmes.

Busiek, K., & Ross, A. (1994). *Marvels* (graphic novel em 4 volumes). Abril.

Camargo Júnior, K. R., & Nogueira, M. I. (Orgs.). (2009). *Por uma filosofia empírica da atenção à saúde: olhares sobre o campo biomédico*. Fiocruz/Faperj.

Castelo Filho, C. (2022, set.). Carta-convite "Formação do analista". *Revista Brasileira de Psicanálise*, 56(3), 21-24.

Chalhoub, S., Marques, V. R. B., Sampaio, G. R., & Sobrinho, C. R. G. (Orgs.). (2003). *Artes e ofícios de curar no Brasil: capítulos de história social*. Editora da Unicamp.

Checchia, M., Torres, R., & Hoffmann, W. (Orgs.). (2015). *Os primeiros psicanalistas: atas da Sociedade Psicanalítica de Viena 1906-1908*. Hedra.

Costa, E. S. C. (2015, dez.). Racismo como metaenquadre. *Revista do Instituto de Estudos Brasileiros*, (62), 146-163.

Cruz, E. A. (2018). *Água de barrela*. Malê.

Danto, E. (2019). *As clínicas públicas de Freud: psicanálise e justiça social*. Perspectiva.

Derrida, J. (1994). *Espectros de Marx: o Estado da dívida, o trabalho do luto e a nova Internacional*. Relume Dumará.

Derrida, J. (2007). Marx & Sons. In M. Sprinker (Ed.), *Ghostly demarcations: a symposium on Jacques Derrida's Specters of Marx*. Verso.

Ellenberger, H. (1970). *The discovery of the unconscious: the history and evolution of dynamic psychiatry*. Basic Books.

Endo, P. C. (2005). *A violência no coração da cidade: um estudo psicanalítico*. Escuta/Fapesp.

Etchegoyen, H. (1999). *Fundamentals of psychoanalytic technique*. Karnac Books.

Evaristo, C. (2021). *Olhos d'água*. Pallas.

Fanon, F. (2008). *Peles negras, máscaras brancas*. Edufba.

Figueiredo, L. C. (2008). Presença, implicação e reserva. In L. C. Figueiredo & N. Coelho Jr., *Ética e técnica em psicanálise*. Escuta.

Figueiredo, L. C. (2009) Metapsicologia do cuidado. In L. C. Figueiredo, *As diversas faces do cuidar: novos ensaios de psicanálise contemporânea*. Escuta.

Figueiredo, L. C. (2014a). *Cuidado, saúde e cultura: trabalhos psíquicos e criatividade na situação analisante*. Escuta.

Figueiredo, L. C. (2014b). Escutas em análise I – Escutas poéticas. *Revista Brasileira de Psicanálise*, 48(1), 123-137.

Figueiredo, L. C. (2021). *A mente do analista*. Escuta.

Foucault, M. (1996). *A ordem do discurso*. Loyola. (Trabalho original publicado em 1970)

Franco, W. (2012). *Autorização e angústia de influência em Winnicott*. [Dissertação de Mestrado, Instituto de Psicologia, Universidade de São Paulo].

Franco, W. (2015). O paciente princeps. In R. A. Lima (Org.), *Clinicidade: a psicanálise entre gerações*. Juruá.

Franco, W. (2019). *Autorização e angústia de influência em Winnicott*. Artesã.

Franco, W. (2020a). A branquitude na práxis clínica de um homem branco. *Boletim Formação em Psicanálise*, 28, 119-131.

Franco, W. (2020b). E o analista (não) está só: a clínica psicanalítica, a solidão e as companhias fantasmáticas. *Conteúdo PSI*, 2(1), 43-58.

Franco, W. (2020c). *Os lugares da psicanálise na clínica e na cultura*. Blucher.

Franco, W. (2022, 2 fev.). A psicanálise, a Uninter e essa gente toda. *Errâncias.* https://errancias.com/2022/02/02/a-psicanalise-a-uninter-e-essa-gente-toda/

Freud, S. (1996a). Estudos sobre a histeria. In *Edição standard das obras psicológicas completas de Sigmund Freud* (Vol. II). Imago. (Trabalho original publicado em 1895)

Freud, S. (1996b). Interpretação dos sonhos. In *Edição standard das obras psicológicas completas de Sigmund Freud* (Vols. IV e V). Imago. (Trabalho original publicado em 1900)

Freud, S. (1996c). Sobre a psicoterapia. In *Edição standard das obras psicológicas completas de Sigmund Freud* (Vol. VII; pp. 233-240). Imago. (Trabalho original publicado em 1905)

Freud, S. (1996d). Um estudo autobiográfico. In *Edição standard das obras psicológicas completas de Sigmund Freud* (Vol. XX; pp. 11-78). Imago. (Trabalho original publicado em 1925[1924])

Freud, S. (1996e). A questão da análise leiga. In *Edição standard das obras psicológicas completas de Sigmund Freud* (Vol. XX; pp. 173-248). Imago. (Trabalho original publicado em 1926)

Freyre, G. (2006). *Casa-grande & Senzala: formação da família brasileira sob o regime da economia patriarcal.* Global. (Trabalho original publicado em 1933)

Frosh, S. (2018). *Assombrações: psicanálise e transmissões fantasmagóricas.* Benjamin Editorial.

Goldman, D. (Ed.). (1993). *In one's bones: the clinical genius of Winnicott.* Jason Aronson.

Green, A. (2008). *Orientações para uma psicanálise contemporânea.* Imago.

Grosskurth, P. (1992). *O círculo secreto: o círculo íntimo de Freud e a política da psicanálise.* Imago.

Jank, C. M. A. (2018). Reflexões sobre a diversidade do campo da psicanálise. *Jornal de Psicanálise, 51*(94), 95-110.

Jesus, C. M. (2019). *Quarto de despejo*. Ática.

Kaës, R. (2011). *Um singular plural: a psicanálise à prova do grupo*. Loyola.

Kilomba, G. (2019). *Memórias da plantação: episódios de racismo cotidiano*. Cobogó.

Krenak, A. (2020). *Ideias para adiar o fim do mundo*. Companhia das Letras.

Kupermann, D. (1996). *Transferências cruzadas: uma história da psicanálise e suas instituições*. Revan.

Lévi-Strauss, C. (1975). *Antropologia estrutural*. Tempo Brasileiro.

Lima, R. A. (Org.) (2015). *Clinicidade: a psicanálise entre gerações*. Juruá.

McQueen, S. (Diretor). (2013). *Doze anos de escravidão* [Filme]. Plan B Entertainment; River Road Entertainment; Regency Enterprises.

Memmi, A. (2007). *Retrato do colonizado precedido de Retrato do colonizador*. Civilização Brasileira.

Mezan, R. (2014). *O tronco e os ramos: estudos de história da psicanálise*. Companhia das Letras.

Müller, T., & Cardoso, L. (Orgs.). (2017). *Branquitude: estudos sobre a identidade branca no Brasil*. Appris.

Murakami, H. (2008). *Kafka à beira-mar*. Objetiva.

Naffah Neto, A. (2004). A escuta musical como paradigma possível para a escuta psicanalítica. *Percurso, 1*(17), 53-60.

Naffah Neto, A., & Gerber, I. (2007). Linguagem musical e psicanálise. *Ide, 30*, 8-14.

Ogden, T. (1995). *Os sujeitos da psicanálise*. Casa do Psicólogo.

Oliveira, M. R. D. (2020). O conceito de abjeção em Julia Kristeva. *Seara Filosófica*, (21), 185-201.

Popova, M. (2014). The poetics of the psyche: Adam Phillips on why psychoanalysis is like literature and how art soothes the soul. *Marginalian*, 9 jun. 2014. https://www.themarginalian.org/2014/06/09/adam-phillips-paul-holdengraber-interview/

Rodrigues, J. C. (2006). *Tabu do corpo*. Fiocruz.

Roudinesco, E. (2008). *Jacques Lacan: esboço de uma vida, história de um sistema de pensamento*. Companhia de Bolso.

Schucman, L. V. (2020). *Entre o encardido, o branco e o branquíssimo: branquitude, hierarquia e poder na cidade de São Paulo*. Veneta.

Sigal, A. M., Conte, B., & Assad, S. (Orgs.). (2019). *Ofício do psicanalista II: por que não regulamentar a psicanálise*. Escuta.

Souza Júnior, P. S. (2021). A língua do outro e a nossa: política, tradução e psicanálise. *Estudos Avançados*, 35(103), 53-62.

Vieira Júnior, I. (2019). *Torto arado*. Todavia.

Wachtel, N. (2009). *A fé na lembrança: labirintos marranos*. Edusp.

Wallerstein, R. S. (1990). Psychoanalysis: the common ground. *Int. J. Psychoanal.*, 71, 3-20.

Winnicott, D. W. (1971). *Playing and reality*. Routledge.

Winnicott, D. W. (1983). Distorção de ego em termos de verdadeiro e falso self. In D. W. Winnicott, *O ambiente e os processos de maturação: estudos sobre a teoria do desenvolvimento emocional*. Artmed. (Trabalho original publicado em 1960)

Winnicott, D. W. (1984). *Consultas terapêuticas em psiquiatria infantil*. Imago.

Winnicott, D. W. (2000). Desenvolvimento emocional primitivo. In D. W. Winnicott, *Da pediatria à psicanálise: obras escolhidas*. Imago.

# Sobre o autor

Nascido em 1986, em São Paulo, criado entre Santo André, na Grande São Paulo, e Valinhos, no interior paulista. Radicou-se em 2004 na capital paulista, onde vive desde então. Graduou-se em Psicologia pela Universidade de São Paulo (USP) em 2008, onde posteriormente desenvolveria sua pesquisa de mestrado (2010-2012), sob orientação de Luís Cláudio Figueiredo, e de doutorado (2015-2018), sob orientação de Daniel Kupermann. Trabalhou em Centros de Atenção Psicossocial entre 2009 e 2012, em São Paulo e em Taboão da Serra, e como acompanhante terapêutico entre 2009 e 2014. Desde 2009, atua como psicólogo clínico e psicanalista em consultório particular. Atuou como docente em cursos de graduação em Psicologia na Universidade Anhembi Morumbi (2013-2015) e na Universidade Mogi das Cruzes (2019-2020). Atualmente, leciona em diversos cursos de pós-graduação, ministrando aulas e disciplinas sobre psicanálise. Desde 2020, é docente no curso de pós-graduação em Sociopsicologia da Fundação Escola de Sociologia e Política de São Paulo (Fesp-SP). Em 2014, publicou os livros *Autorização e angústia de influência em Winnicott* (editado desde 2019 pela Artesã), derivado de sua pesquisa de mestrado, e *Gente só* (Chiado, 2014), uma coletânea de textos de ficção. Em 2019, publicou *Expressões do indizível* (Patuá, 2019), também de ficção, e em 2020 publicou *Os lugares da psicanálise na clínica e na cultura* (Blucher, 2020), derivado de sua pesquisa de doutorado.

*E-mail* para contato: wilsondeacfranco@gmail.com

Impressão e Acabamento
**Bartiragráfica**
(011) 4393-2911